Stefanie Perl

Hunde als Chance für Menschen mit Autismus

Hundgestützte Therapie in der Schulbegleitung

eines Jugendlichen mit Autismus

Wissenschaftliche Arbeiten zur

Autismus-Spektrum-Störung - Band 1

www.autismus-buecher.de

www.radundsoziales.de

ISBN 978-3-945668-04-7

Dieses Buch ist auch als eBook erhältlich

Jede Beziehung zwischen einem Tier

und einem Menschen ist eine

einzigartige Brücke,

gebaut, um nur diese beiden zu tragen.

SUZANNE CLOTHIER

INHALTSVERZEICHNIS

Vorwort

In meiner 13 Jahre währenden gemeinsamen Zeit mit meinem ersten Hund, einem sehr ausgeglichenen und freundlichen Golden Retriever, durfte ich viele erstaunliche Erfahrungen machen. So hat er mir unter anderem auf einer sechsmonatigen Reise durch das südliche Afrika Begegnungen mit Menschen ermöglicht, die ich sonst nie kennen gelernt hätte.

Gerade dort, wo Hunde oft als Waffe bzw. als Wachschutz für die Häuser und Grundstücke der Weißen eingesetzt werden, waren die ersten Reaktionen auf den Hund dementsprechend sehr angstbesetzt. Dennoch hat er es geschafft, die Herzen vieler Kinder zu öffnen.

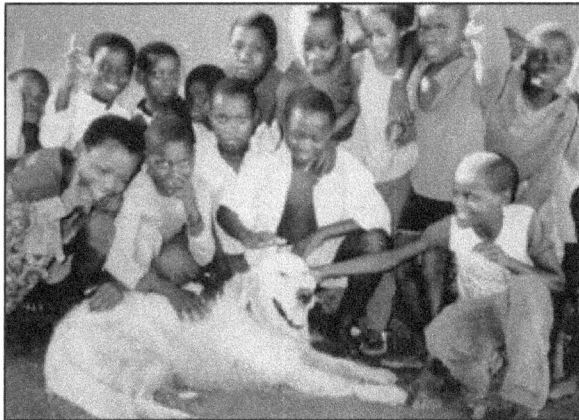

Erst später wurde mir klar, dass es zwar wichtig war, die Menschen aufzuklären, die Begegnung mit dem Hund aber auf einer ganz anderen Ebene statt fand und eine eindeutige Wirkung zu verzeichnen war.

Als ich mich entschied, mich näher mit dem Bereich der tiergestützten Arbeit zu beschäftigen, war mein Hund schon zu alt, um ihm noch neue Aufgaben zu übertragen. Sechs Monate nach seinem Gang über die Regenbogenbrücke zog also ein neues Familienmitglied bei uns ein: Lennox, ein Flat Coated Retriever.

Zu dieser Zeit war ich bereits seit einem Jahr als Schulbegleitung eines Jungen mit Asperger Syndrom an einer Grundschule beschäftigt. Dieser Junge wurde in den ersten drei Grundschuljahren aufgrund seines auffälligen Verhaltens oft gehänselt. Er war sehr unsicher im sozialen Kontakt zu seinen Mitschülern und hatte kein Selbstvertrauen. Im Rahmen eines Verstärkersystems, das ich einsetzte, wurde das Treffen mit Lennox zum besonderen Bonus, auf den dieser Junge über lange Zeiträume hin arbeitete. Der Schuldruck geriet dann in den Hintergrund und die hohe Anspannung ließ etwas nach.

In der Regel ist es jedoch schwierig, die Tätigkeit der Schulbegleitung im Unterricht und den Einsatz des Hundes zu verbinden. Deswegen kann ich zur Zeit von großem Glück sprechen, dass die Schule, an der ich momentan einen Jugendlichen in seinem letzten Schuljahr begleite, mir die Möglichkeit gibt, Lennox entsprechend den Förderzielen einzusetzen.

Außerdem sind Lennox und ich an zwei Grundschulen im Rahmen einer Arbeitsgemeinschaft - Hundeführerschein für Kinder - im Einsatz.

1. Einleitung

In der therapeutischen Arbeit mit Menschen mit Autismus gibt es zahlreiche verschiedene Ansätze. In den USA haben tier- und vor allem hundgestützte Therapien bereits einen festen Platz und sind auch allgemein anerkannt. Trotzdem sich die Wissenschaft zunehmend mit den positiven Auswirkungen der Verbindung zwischen Menschen und Tieren beschäftigt, ist diese Therapieform in Deutschland hingegen noch nicht sehr weit verbreitet, was schon an der verfügbaren deutschsprachigen Literatur deutlich wird.

Menschen mit Autismus haben eine besondere Wahrnehmung und Schwierigkeiten in der Interaktion bzw. Kommunikation mit anderen Menschen. Soziale Kontakte herzustellen und diese zu pflegen ist für sie oftmals eine unüberwindbare Hürde.

Zahlreiche Forschungen zeigen, dass Tiere den Menschen in einer Weise erreichen, wie wir selbst es nicht leisten können. Wie können also Tiere, in diesem Fall Hunde, dazu beitragen, Menschen mit Autismus von „ihrem Planeten" abzuholen und ihnen den Zugang zu einer für sie oftmals völlig beängstigenden, fremd erscheinenden Welt zu eröffnen?

Dieser Frage möchte ich im vorliegenden Buch nachgehen und mich speziell mit den Möglichkeiten hundgestützter Therapie in der Pädagogik befassen.

Im theoretischen Teil werde ich einen Überblick über die wissenschaftlichen Grundlagen tiergestützter Arbeit geben und besonders auf die hundgestützte Intervention eingehen. Weiterhin werde ich einen Einblick in das Störungsbild Autismus geben, dabei die verschiedenen Ausprägungen sowie Diagnosekriterien beschreiben.

Da ich selbst als Schulbegleiterin von Kindern und Jugendlichen mit einer Autismus-Spektrum-Störung tätig bin, werde ich mich im Speziellen auch mit den Betroffenen in ihrem Umfeld Schule und den dort entstehenden Problemen beschäftigen.

Des Weiteren möchte ich aufzeigen, wie es gelingen kann, durch den Einsatz von Hunden in Therapie und Pädagogik, eine soziale *Zwischeninstanz* zu schaffen, um eine bessere Integration und Inklusion der Betroffenen in ihrer sozialen Umwelt zu erreichen.

Im praktischen Teil werde ich vorab den jugendlichen Klienten vorstellen, seinen (schulischen) Werdegang sowie seine Schwierigkeiten, aber auch seine Stärken beschreiben. Die Darstellung pädagogisch-therapeutischer Fördereinheiten im Rahmen meiner Tätigkeit als Schulbegleitung soll verdeutlichen, welche Wirkung der Hund und das Zusammensein mit ihm auf den Jungen haben.

2. Theoretische Grundlagen tiergestützter Arbeit

2.1 Die Mensch-Tier-Beziehung

Seit den Anfängen der Menschheit besteht ein Verhältnis zwischen Tier und Mensch. Dienten Tiere anfangs als Nahrungsquelle oder wurden als Nutztiere gehalten, entstand darüber hinaus auch eine emotionale Bindung. Sichtbar wurde diese durch die menschliche Vorstellung vom Wesen des Tieres und dem kulturellen Stellenwert, der ihm eingeräumt wurde. Dieser bestimmte - damals wie heute - auch die allgemeine Haltung einer Gesellschaft gegenüber dem Leben des einzelnen Tieres und seiner Art.[1]

So wurde das Tier im Laufe der Zeit auch zum Partner und Freund des Menschen. Vor allem das Haustier hat eine starke psychosoziale Bedeutung für den Menschen und erfüllt somit das Bedürfnis nach Kontakt mit der Natur.[2]

Große Verbundenheit in der Mensch-Tier-Beziehung stellt auch die gemeinsame Nutzung der analogen (nicht-verbalen) Kommunikation dar, die die Menschen trotz unserer hoch differenzierten Leistungsgesellschaft, die sich eher der Nutzung der digitalen (verbalen) Sprache verschreibt, beherrschen.[3]

Es gibt verschiedene Erklärungsansätze und Modelle, die die Mensch-Tier-Beziehung beschreiben. Zwei davon sollen im Folgenden aufgezeigt werden.

2.1.1 Die Biophilie Hypothese

Der Begriff *Biophilie* setzt sich zusammen aus den altgriechischen Wörtern „bios" (Leben) und „philia" (Liebe) und beschreibt die Liebe zum Leben bzw. zu allem Lebendigen.

Erstmals führte der Soziobiologe EDWARD O. WILSON 1984 in seinem Buch „Biophilia: The Human Bond with Other Species"[4] aus, dass sich Menschen in der Evolution stets zusammen mit anderen Lebewesen entwickelt haben. Durch diesen Prozess haben sie über Millionen von Jahren eine biologisch fundierte Affinität zum Leben und zur Natur entwickelt.

Menschen scheinen also ein grundlegendes Bedürfnis zu haben, mit anderen Formen des Lebens in Verbindung zu sein, sowohl mit den Lebewesen selbst als auch mit ihren ökologischen Settings, die die Entwicklung von Leben erst ermöglichen. OLBRICH spricht von den archaischen Wurzeln der Mensch-Tier-Beziehung und von Tieren als evolutionär bedeutsam gewordenen Beziehungsobjekten in einem Gefüge der ständigen Transaktionen, wobei er auf die Vielfalt der Beziehungsformen hinweist. Er beschränkt sich nicht darauf, von der leidenschaftlichen Liebe zum Leben und zu allem Lebendigen zu sprechen, sondern macht klar, dass sie nur ein Teilaspekt der Biophilie sein kann.

Ihm zufolge schaffen Tiere eine evolutionär bekannte Situation und vervollständigen bzw. ergänzen menschliche

Lebenssituationen und haben dadurch positive soziale Effekte auf den Menschen: Sie fungieren als *soziale Katalysatoren*, d.h. sie erleichtern oder ermöglichen den sozialen Austausch mit anderen Lebewesen.[5]

GREIFFENHAGEN und BUCK-WERNER sprechen in diesem Zusammenhang sogar von *sozialer Inklusion*, nachdem ein amerikanisches Forscherteam feststellte, dass Gruppierungen von Hundebesitzern „jede fremde Person, die auf sie zuging (mit Hund oder nicht) freundlich und ohne zu zögern in das Geschehen an ihrem Hundetreffpunkt" integrierte.[6] Die Hunde ermöglichten somit indirekt Kontakt, Vertrauen, Gespräch und Verbindung zwischen unbekannten Personen.

2.1.2   Die Bindungstheorie

Bindungen an andere Personen spielen eine entscheidende Rolle für die psychische Gesundheit eines Menschen. Vor allem Bindungserfahrungen in der frühen Kindheit haben großen Anteil an der Herausbildung von Empathie, sozialer Kompetenz, emotionaler Intelligenz und für die Regulation von Emotionen. Früh entstehende Bindungsmuster sind ausschlaggebend und prägend für alle weiteren Bindungen im Leben.

Besteht bei Kindern eine *sichere* Bindung an eine feinfühlige Bindungsfigur und somit ein Vertrauen in deren Verfügbarkeit, entwickeln diese ein zusammenhängendes, anpassungsfähiges Bild der Wirklichkeit, dass ihnen den Zugang zu den eigenen Gefühlen und Bewertungen ermöglicht und gleichsam die emotionale Kommunikation reguliert. Diese Kinder entwickeln mehr soziale Kompetenz, sie wirken freundlicher, kooperativer, zugewandter und empathischer, als Kinder mit einer unsicheren Bindung.[7]

Laut BEETZ können positive Bindungserfahrungen mit Menschen möglicherweise auf die soziale Situation mit Tieren übertragen werden. Auch zu Tieren können tiefgehende Beziehungen aufgebaut werden, die den Menschen die Befriedigung emotionaler und sozialer Bedürfnisse ermöglichen. So werden Haustiere heutzutage hauptsächlich in dieser Funktion genutzt. Sie sind emotional bedeutsame Partner, besonders für einsame, aber auch für ältere und kranke Menschen sowie für Kinder. Insbesondere sie profitieren von der Nähe zu Tieren und den Umgang mit ihnen.

Tiere begegnen den Menschen unabhängig von gesellschaftlichen Wert- und Normvorstellungen und vermitteln das Gefühl uneingeschränkter Akzeptanz. Für eine gesunde und emotionale Entwicklung ist dieses Gefühl des Angenommenseins, des Vertrautseins mit einem Kommunikationspartner und der Bindung an ihn von enormer Bedeutung. Der Aufbau einer positiven Bindung zu einem Tier kann einerseits die emotionalen und sozialen Kompetenzen stärken, andererseits aber auch beim Bindungsaufbau mit anderen Menschen hilfreich sein. Hier könnte der Zugang zu einem Therapietier, das zuverlässiger erscheint, leichter fallen, als eine Veränderung auf der zwischenmenschlichen Bindungsebene.

3. Formen tiergestützter Interventionen

Bei der tiergestützten Intervention geht es nicht um eine eigenständige Arbeitsweise. Tiere werden als Maßnahme oder Möglichkeit mit einbezogen. In Deutschland existiert bislang kein explizites Berufsbild eines tiergestützt arbeitenden Therapeuten. Da sich bei Menschen, die im pädagogisch-therapeutischen Berufsfeld tätig sind, oftmals ein persönliches Interesse entwickelt, Tiere in ihre Arbeit zu integrieren, absolvieren sie Zusatzausbildungen, um die Tiere entsprechend beruflich einsetzen zu können. Betont werden muss hierbei, dass die Tiere niemals den Pädagogen oder Therapeuten ersetzen, sondern deren Arbeit unterstützen.

Dass eine Qualitätssicherung in der tiergestützten Arbeit durch Entwicklung von eigenen Qualitätsstandards immer mehr in den Focus rückt, zeigt die bevorstehende Gründung eines Berufsverbandes der tiergestützten Therapie, Pädagogik und Fördermaßnahmen im März 2012 in Lindwedel, Niedersachsen.[8]

In der Literatur lassen sich verschiedene Formen der tiergestützten Intervention voneinander abgrenzen, die ich im Folgenden erläutern möchte. Eine Abgrenzung dieser Begriffe scheint durchaus sinnvoll, um die notwendigen Qualifikationen und individuellen Zielsetzungen der einzelnen Bereiche deutlich zu machen. Dennoch kommt es sicherlich zu Überschneidungen und fließenden Übergängen in vielen Bereichen.

3.1 Tiergestützte Aktivität

Das Ziel der tiergestützten Aktivität ist die allgemeine Verbesserung der Lebensqualität des Klienten. Es handelt sich also um Interventionen im Zusammenhang mit Tieren, die das Ziel haben, erzieherische, rehabilitative und soziale Prozesse zu unterstützen, die das Wohlbefinden von Menschen verbessern.[9] Hier erfolgt ein Einsatz der Tiere unter Hinsicht auf ihre spezielle Eignung für den betreffenden Bereich. Die Qualifikation der Personen kann sehr unterschiedlich sein. Sowohl Ehrenamtliche als auch fachlich ausgebildete Personen, können tiergestützte Aktivitäten durchführen. Es ist aber auch möglich, dass Mitarbeiter z.B. in der Altenpflege ihre eigenen Tiere mit zur Arbeit bringen. Wichtig ist, dass hier keine klar definierten therapeutischen Ziele verfolgt werden, sondern der hergestellte Kontakt zu einem Tier als eine erfreuliche Situation erlebt werden soll, die das Wohlbefinden verbessert. Der Schwerpunkt liegt also auf der subjektiven Erlebniskomponente, ein nachhaltiger Erfolg wird nicht angestrebt. Die bekannteste Form der tiergestützten Aktivität sind Tierbesuchsdienste in Krankenhäusern, Seniorenheimen etc..

Als Beispiel sei hier der Verein *Tiere helfen Menschen* genannt, der Besuchsprogramme mit Tieren in sozialen Einrichtungen anbietet.[10]

3.2 Tiergestützte Pädagogik

In der tiergestützten Pädagogik findet eine Förderung mit Hilfe von Tieren im (sonder-) pädagogischen Bereich statt. Diese kann z.B. im Bereich Schule angesiedelt werden, aber auch im freizeitpädagogischen Bereich. Regionale Beispiele sind die Wartberg-Schule in Osterode[11] und der Abenteuerspielplatz in Braunschweig-Melverode[12].

Ziel ist dabei immer ein Lernfortschritt im Bereich der sozialen und emotionalen Intelligenz. Es geht um die Entwicklung von mehr Verständnis für andere Lebewesen und auch um ein besseres Verständnis der eigenen Persönlichkeit. Durch die Tiere sollen positive Gefühle entstehen, die zur Verbesserung der Konzentration und Aufnahmebereitschaft sowie zur Auflösung von Lernblockaden führen sollen. Lernprozesse und Bildungsmöglichkeiten sollen insgesamt positiv beeinflusst werden.

Voraussetzungen für den Einsatz von Tieren in diesem Bereich sollten ein pädagogischer Abschluss, die Ausarbeitung eines Lehr- oder Förderplans mit konkreten Zielvorgaben bzw. Lernzielen, sowie Kompetenzen und Kenntnisse bezüglich des eingesetzten Tieres sein. Je nach Einsatzgebiet erfolgt die fachkompetente Einbindung der Tiere durch Lehrer, (Sozial-) Pädagogen oder Erzieher.

3.3 Tiergestützte Förderpädagogik

Da es für mein eigenes derzeitiges Berufsfeld relevant ist, möchte ich in diesem Zusammenhang auch auf den Begriff der *tiergestützten Förderpädagogik* hinweisen. Er stellt eine Erweiterung bzw. Spezialisierung der Bezeichnung der tiergestützten Pädagogik dar und nimmt Bezug auf den Einsatz in einer Förderschule und den hier hervorzuhebenden besonderen Förderbedarf der Schüler/innen. Kenntnisse bei der anbietenden Person in den Bereichen Lernen, geistige sowie körperliche / motorische Entwicklung und Wahrnehmung sind unabdingbar. Mögliche Berufsfelder sind die des (Förderschul-) Lehrers, des Förder- oder Sozial-Pädagogen oder andere erzieherische Berufe.

Die beeinträchtigten Kinder oder Jugendlichen stellen an das eingesetzte Tier andere, zumeist höhere Ansprüche als an einer Regelschule. Sowohl Halter als auch Tier müssen gut auf die besonderen Anforderungen vorbereitet sein und die erforderlichen Qualitäten erfüllen.[13]

Sinnvoll ist es, hier auch von tiergestützter *Förderung* zu sprechen, denn Menschen mit psychischen oder physischen Einschränkungen bedürfen der besonderen Förderung. Ziel dieser Förderung ist es, Entwicklungsfortschritte zu aktivieren und diese möglichst nachhaltig zu festigen. „Unter tiergestützter Förderung sind Interventionen im Zusammenhang mit Tieren zu verstehen, welche auf der Grundlage eines (individuellen) Förderplans die vorhandenen Ressourcen des Kindes stärken und unzulänglich ausgebildete Fähigkeiten verbessern.“[14]

Die Pädagogen erarbeiten dabei unter Einbezug des Tieres bestimmte Fördermöglichkeiten, die individuell auf das Kind und der speziellen Situation angepasst sind. Großes Augenmerk muss auf die vorhandenen Ressourcen, Fähigkeiten, aber auch auf die persönlichen Wünsche des Kindes gelegt werden. Schwierigkeiten und Probleme sollen dem Kind dabei nicht abgenommen werden. Vielmehr soll es lernen, diese effektiv und aktiv mitgestaltend zu lösen.

Besondere Beachtung müssen hier der Umgang mit dem Tier und eine gute Einschätzung von dessen Bedürfnissen finden, um eine Überforderung zu vermeiden.

3.4 Tiergestützte Therapie

Bei der tiergestützten Therapie liegt der Fokus auf dem gezielten Einfluss auf bestimmte Persönlichkeits- oder Leistungsbereiche sowie auf der Reduzierung sozialer Ängste, der Lösung emotionaler Blockaden und der Verarbeitung von Erlebnissen eines Klienten. Hier wird nach einer fachlichen Situations- und Problemanalyse ein Therapieplan mit konkret formulierten Teilzielen unter Einbezug eines spezifisch ausgebildeten Tieres ausgearbeitet.

Die tiergestützte Therapie verfolgt das Ziel, die Lebensgestaltungskompetenz zu stärken und zu verbessern, indem Verhalten, Erlebnisse und Konflikte bearbeitet werden [15]

Anhand dieser Kriterien wird klar, das nur ein ausgebildeter Therapeut eine tiergestützte Therapie durchführen kann und auch das Tier in seiner Funktion als Therapiewerkzeug einer besonderen Ausbildung bedarf, wobei die Berücksichtigung von dessen Bedürfnissen und Befindlichkeiten nie außer Acht gelassen werden darf. Die fachkompetente Einbindung kann je nach Einsatzfeld z.B. durch Ergo- oder Physiotherapeuten, aber auch durch Psycho- oder Verhaltenstherapeuten erfolgen.[16]

Die Therapie unter Einbezug eines Tieres kann zwar herkömmliche Behandlungen wie z.B. notwendige Physiotherapie nicht ersetzen, jedoch fördert der Kontakt mit Tieren die therapeutische Behandlung in großem Maße.

3.5 Zukunftsweisende kritische Betrachtung dieser Begrifflichkeiten

WOHLFAHRT und WIDDER führen an, dass die unterschiedlichen vorangegangenen Begrifflichkeiten und Abgrenzungen in der Praxis zu enormen Problemen führen. Sie sind der Ansicht, dass durch die Vielfalt dieser Definitionen die Festlegung von einheitlichen Qualitätsstandards behindert und eine Anerkennung der tiergestützten Arbeit verhindert wird.

Ihnen erscheint es sinnvoll, den Begriff der *tiergestützten Therapie* umfassend als Überbegriff für alle tiergestützten Maßnahmen (tiergestützte Interaktion, - Pädagogik, - Förderung, - Interaktion) zu verwenden. „Therapie wird damit umfassend im Sinne einer professionellen Helferbeziehung mit Einflussnahme auf den Menschen verstanden und umfasst auch präventive und fördernde Maßnahmen."[17]

Die ESAAT (European Society of Animal Assisted Therapy) hat am 17.09.2011 folgende Definition von tiergestützter Therapie beschlossen:

„Tiergestützte Therapie umfasst bewusst geplante pädagogische, psychologische und sozialintegrative Angebote mit Tieren für Kinder, Jugendliche, Erwachsene sowie ältere Menschen mit kognitiven, sozial-emotionalen und motorischen Einschränkungen, Verhaltensstörungen und Förderschwerpunkten. Sie beinhaltet auch gesundheitsfördernde, präventive und rehabilitative Maßnahmen. ..."[18]

Dies wird in der Zukunft zu der Einführung einer umfassenden Definition der bisher unterschiedlichen Begriffe führen, so dass z.B. statt von *tiergestützter Pädagogik* von *tiergestützter Therapie in der Pädagogik* gesprochen wird.

Um diesem Beschluss Rechnung zu tragen, werde ich im Folgenden von tiergestützter Therapie mit Hund bzw. hundgestützter Therapie sprechen und beziehe mich dabei, auch im

Rahmen meiner eigenen Tätigkeit, auf den (schul-) pädagogischen Bereich.

4.   Tiergestützte Therapie mit Hund

Bevor die Voraussetzungen einer erfolgreichen tiergestützten Therapie mit Hund erläutert werden, sollen zunächst die Besonderheiten und Stärken des Hundes und seine Wirkungen auf den Menschen dargestellt werden.

4.1 Besonderheiten in der Beziehung zwischen Mensch und Hund

Der Hund ist das älteste Haustier des Menschen und somit seit langer Zeit unser ständiger Begleiter. Er gilt seit jeher als treuer und verlässlicher Partner und Freund des Menschen, der immer wieder zum Gesprächsanlass wird oder selbst als Gesprächspartner dient. Er bewertet oder kritisiert den Menschen nicht. Dieser fühlt sich dadurch akzeptiert und geborgen, der Hund bereitet ihm Spaß und Freude und ermöglicht Nähe und Zärtlichkeiten. All diese positiven Eigenschaften und die lange gemeinsame Evolution sind die Basis für die besondere Beziehung zwischen Mensch und Hund.

Hunde wurden früher und werden auch heute noch vielfach als Arbeits- und Nutztier in den unterschiedlichsten Bereichen eingesetzt, sei es als Jagdhund, Schutzhund, Hütehund oder bei der Suche nach verschütteten oder verletzten Menschen. Diese Aufgabengebiete zielen eher auf den praktisch-nützlichen Aspekt eines Hundeeinsatzes ab. Doch mehr und mehr wird der Hund aufgrund seiner sozialen Komponente auch im therapeutisch-pädagogischen Kontext eingesetzt.

Die „natürliche Fähigkeit des Hundes, die Beziehung zum Menschen als wortloser, emotional zugewandter und authentischer Interaktionspartner zu gestalten, ist wohl eine der wichtigsten und effektivsten Voraussetzungen, um Hunde auch zu therapeutischen Begleitern zu befähigen."[19]

Besonders durch seine sozialen Fähigkeiten und die Anpassung an das häusliche Leben der Menschen ist er als ständiger Begleiter gut geeignet. Große Bedeutung wird also der sozialen Beziehung des Hundes zum Menschen beigemessen, wobei die nicht sprachliche Kommunikation zwischen beiden eine wesentliche Rolle spielt. Sie findet schon seit weit zurückliegender Zeit statt und funktioniert noch immer. Der Hund reagiert sensibel auch auf die kleinsten Veränderungen in der Stimmung und den Emotionen eines Menschen. Dies gelingt ihm vor allem durch die Dominanz seiner olfaktorischen Wahrnehmung (Geruchssinn), er besitzt ca. dreißig Mal so viele Geruchszellen wie der Mensch. Da der Mensch seine olfaktorischen Signale nicht bewusst steuern kann, ist es ihm nicht möglich, sich vor dem Hund zu verstellen. Dieser entschlüsselt somit mehr Informationen über uns, als wir ihm bewusst senden.[20]

Auch im Senden ihrer eigenen Botschaften sind Hunde eindeutig und reagieren immer direkt. Nie beziehen sie sich auf ein zurückliegendes Verhalten, sondern immer auf die unmittelbare Situation. Im Umkehrschluss wird klar, warum z.B. in der Erziehung eines Hundes die unmittelbare Reaktion des Menschen auf ein bestimmtes Verhalten des Hundes eine tragende Rolle spielt. Verstärke ich ein unerwünschtes Verhalten, das mehr als ein paar Minuten zurückliegt, negativ, stellt der Hund keine Verbindung zwischen Verhalten und Bestrafung her. Genauso muss auch erwünschtes Verhalten unmittelbar positiv verstärkt werden.

Bezug nehmend auf die Bindungstheorie in Kapitel 2.1.2 ist die Kommunikation zwischen Hund und Mensch ein entscheidender Faktor für den gegenseitigen Bindungsaufbau. Nur durch stetige Interaktion und Kommunikation sowie einen sicher an *seinen* Menschen gebundenen Hund, kann dieser auch im therapeutisch-pädagogischen Einsatz sicher agieren und einen Beziehungsaufbau (Therapeut-Klient, Klient-Hund) erleichtern sowie emotional angespannte Situationen beruhigen.

4.2 Wirkungen von Hunden auf Menschen

Tiere haben grundsätzlich vielfältige positive Einflüsse auf den Menschen. Schon die bloße Anwesenheit eines Tieres kann das Wohlbefinden verbessern. Die folgende Auflistung, die von

OTTERSTEDT detailliert dargestellt wurde, erfasst die Wirkungsweisen von Haustierhaltung und kann daher auch auf die Wirkungen von Hunden auf den Menschen bezogen werden. [21]

1. Physische Wirkungen

- Senkung des Blutdrucks

- Muskelentspannung z.B. durch Körperkontakt

- Biochemische Veränderungen und neuroendokrine Wirkungen (Schmerzverringerung, Beruhigung, Euphorisierung)

- Verbesserung von Gesundheitsverhalten, z.B. durch motorische Aktivierung, Anregung zur besseren Ernährung / Körperpflege

- Praktische / Technische Unterstützung (speziell Servicetiere), durch Führung und Leitung bei Blinden und Gehörlosen, Arbeits- und Aufgabenerleichterung

2. Psychologische Wirkungen

- Kognitive Anregung und Aktivierung

- Förderung emotionalen Wohlbefindens

- Förderung von positivem Selbstbild, Selbstwertgefühl, Selbstbewusstsein, Selbstsicherheit

- Förderung von Kontrolle über sich selbst und die Umwelt

- Reduktion von Angst

- Psychologische Stressreduktion, Beruhigung und Entspannung

- Psychologische Wirkung sozialer Integration
- Regressions-, Projektions- und Entlastungsmöglichkeiten
- Antidepressive und antisuizidale Wirkung

3. Soziale Wirkungen

- Aufhebung von Einsamkeit und Isolation
- Nähe, Intimität, Körperkontakt
- Streitschlichtung, Familienzusammenhalt
- Vermittler von positiver sozialer Attribution

Hier wird noch einmal sehr klar, welche Wirkungsvielfalt beim Einsatz von Tieren / Hunden entstehen kann und in wie vielen Bereichen damit positive Veränderungen beim Menschen hervor gerufen werden können, vielleicht auch ohne dass dieser sich der Einflussnahme des Tieres immer bewusst ist.

4.3 Wirkungen auf Kinder mit sonderpädagogischen Förderbedarf

Generell üben Hunde eine starke Anziehungskraft auf Kinder aus. Sie animieren zum Spielen, Streicheln und dazu, mit ihnen zu sprechen. Kinder mit physischen oder psychischen Behinderungen bzw. Beeinträchtigungen haben einen eingeschränkten Handlungsspielraum und leiden oft unter geringem

Selbstwertgefühl. Der Kontakt zu einem Hund und die Kommunikation und Interaktion mit ihm kann die eigenen Kompetenzen bewusst machen und stärken. So kann ein Kind schon durch ein einfaches Hand- oder Hörzeichen den Hund zu einer erwünschten Handlung bringen und damit die Erfahrung machen, dass es in einem gewissen Umfang seine Umwelt beeinflussen kann. Durch die Reaktion des Tieres und auch die Aufmerksamkeit und Bewunderung Außenstehender wird das Selbstbewusstsein gestärkt und im weiteren Kontaktverlauf gefestigt.

Wie sich in weiteren Ausführungen noch zeigen wird, kann der Kontakt zu einem Hund gerade für Kinder mit Autismus eine Förderung ihrer Entwicklung begünstigen und soziale Integration erleichtern. Indem das Kind zunehmend lernt, die Bedürfnisse des Hundes zu erkennen und sensibilisiert wird, die Körpersprache des Hundes zu deuten, übt es sich in Empathie. Es wird versuchen, sein Verhalten dahin gehend zu gestalten, dass der Hund sich wohlfühlt. Die eigenen Interessen treten in diesem Moment in den Hintergrund. Weiterhin kann langfristig ermöglicht werden, diese Erkenntnisse auch auf menschliche Begegnungen zu transferieren.

Hunde können Menschen bei Stress emotional unterstützen. Bei Kindern mit Autismus, die oft Bindungsstörungen haben, können sie effektiver Vertrauen schaffen als z.B. eine andere (erwachsene) Person. Auch können sie den Aufbau einer vertrauensvollen Beziehung zwischen Therapeut und Klient beschleunigen.

KOTRSCHAL spricht von einem „erheblichen therapeutischen Potenzial".[22]

Auch auf das Lernverhalten hat die bloße Anwesenheit eines Hundes maßgeblichen Einfluss, denn in einer durch den Hund hervorgerufenen entspannten Situation lässt es sich leichter lernen. Es findet eine positive Verknüpfung mit der Lernsituation statt. Richtig durchdacht und angewendet, kann der Hund im Klassenzimmer, in einer Arbeitsgemeinschaft, aber auch in der Therapie hervorragend als positiver Verstärker dienen.[23]

Kinder mit Sprachschwierigkeiten oder Störungen in der Kommunikation können mit einem Hund lernen, ihre Hemmungen zu verlieren. In diesem Fall bietet er einen Sprechanlass, man kann über ihn, aber auch mit ihm sprechen. Der Hund wertet und verbessert nicht, wenn ein Kind stottert oder der Satzbau nicht stimmt.[24] Ebenso ist es auch gut möglich, einen Hund zur Leseförderung einzusetzen, indem das Kind dem Hund vorliest, ohne dass ein Eingriff des anwesenden Pädagogen erfolgt.

Entscheidend für einen therapeutischen oder pädagogischen Erfolg in der hundgestützten Arbeit ist die Beziehung zwischen Kind und Therapeut / Pädagoge. Durch den Einsatz eines Hundes verschiebt sich – situationsabhängig - allerdings der Fokus vom Kind auf den Hund. So kann sich ein für das Kind oft vorherrschender Leistungs- und Erwartungsdruck deutlich verringern. Außerdem gibt auch der Therapeut / Pädagoge als

Halter des Hundes ein Stück seiner selbst preis, er öffnet sich dem Kind dadurch auch auf einer persönlichen Ebene und wird somit nahbarer und transparenter.[25] Der Weg in die Schule oder zur Therapie kann somit mit weniger Angst, dafür mit freudiger Erwartung auf die Begegnung mit dem Hund verbunden werden.

5. Voraussetzungen Hundgestützter Therapie

Einen Hund im therapeutischen oder pädagogischen Bereich einzusetzen, erfordert Planung, Organisation und ein detailliertes Fachwissen. Entscheidend für das Wohlergehen sowohl des Hundes als auch des Klienten ist also die Kompetenz des Hundehalters. Er ist verantwortlich, die Signale beider zu erkennen, um zu einem guten Erfolg seines tiergestützten Angebots zu gelangen. Von großer Wichtigkeit ist hier auch die Rücksichtnahme und Achtung im Hinblick auf Tier und Mensch, so dass Überforderungen auf beiden Seiten verhindert werden. Konkrete Voraussetzungen beim Halter, beim Hund und auch beim Empfänger sind eng miteinander verbunden, doch sollte man jeden Teil besonders beachten.

5.1 Voraussetzungen beim Hund

Es ist nicht möglich, einen Therapiehund zu züchten und es gibt auch nicht *die* Therapiehundrasse oder *den* speziellen Schulhund. Jede Rasse bzw. jeder Mischling bringt ihre / seine Vorteile, gegebenenfalls aber auch Nachteile mit sich. Die positive Entwicklung eines Hundes ist dabei von verschiedenen Faktoren abhängig: Genetik, hundgerechte Sozialisation, Prägung, Bindung an den Menschen, Erziehung, Erfahrungen etc.

Ein für den Therapieeinsatz geeigneter Hund sollte jedoch auch über bestimmte Wesensmerkmale und Charaktereigenschaften verfügen: Kontaktfreudigkeit, freundliches Wesen, hohe Toleranz- / Reizschwelle und eine hohe Lern- und Anpassungsfähigkeit. Er sollte Berührungen und Streicheln genießen, sowie tolerant und aggressionsarm sein.

Weitere wünschenswerte Eigenschaften hinsichtlich des Gehorsams hängen stark von der Prägung und Erziehung durch den Halter ab: z.B. Leinenführigkeit, Befolgen von Sicht- / Hörzeichen, Abliegen / Absitzen über einen längeren Zeitraum, kontrollierbarer Jagdbetrieb usw.

Der Hund muss sich während seines Einsatzes an seiner Bezugsperson orientieren und die Aufmerksamkeit bei ihm halten können. Voraussetzung hierfür ist eine sichere emotionale Bindung (siehe Kapitel 2.1.2) und eine Vertrauensbasis zwischen Halter und Hund.

Selbstverständlich sollte der Hund sich in einem einwandfreien und optimalen körperlichen und seelischen Zustand befinden[26] (Hygieneplan und Gesundheitsprotokoll siehe Anhang).

Außerhalb seiner Arbeit sollte der Hund Anschluss an eine Familie haben, ausreichenden Kontakt zu Artgenossen und einen Ausgleich zu seiner anstrengenden Arbeit. Manchen Hunden reicht hier vielleicht die Bewegung bei Spaziergängen und im freien Spiel, andere brauchen eventuell einen hundgerechten Ausgleich in

Form von speziellen Angeboten wie z.B. Agility, Dummy-Training oder Mantrailing.

5.2 Voraussetzungen beim Halter

Der Halter trägt in jeder Situation die Verantwortung sowohl für das Wohl des Klienten als auch für seinen Hund. Er sollte also über die entsprechenden Fachkenntnisse in Bezug auf Hundeverhalten im Allgemeinen verfügen, aber vor allem sollte er die nonverbale Sprache seines Hundes gut lesen und ihn verstehen können, um in verschiedenen Situationen entsprechend zu reagieren. Das heißt, der Halter muss seinen Hund ständig beobachten, um klare Anzeichen von Stress und Unwohlsein bei seinem Tier zu erkennen und es gegebenenfalls aus einer Situation herausnehmen. Hier seien nur beispielhaft typische Signale für Überforderung und Stress aufgeführt: Kratzen, Hecheln, Zittern, Gähnen, Abwenden etc.

Gleichzeitig müssen auf dieser Basis der geschulten Wahrnehmung auch die Bedürfnisse und Befindlichkeiten des Klienten erfasst werden und entsprechend mit ihnen umgegangen werden.[27]

Auch ist der Halter verantwortlich, im Vorfeld einer hundgestützten Therapie den Klienten die notwendigen Verhaltensregeln im Umgang mit dem Hund zu erklären, so dass es nicht gleich bei der ersten Begegnung zu unangenehmen

Situationen kommt, die eventuell den weiteren Verlauf negativ beeinflussen. Dies scheint mir besonders sinnvoll bei Kindern, die wenig oder keine Kenntnisse über Hunde oder ein unangemessenes Distanzgefühl haben.

Der Halter muss dafür Sorge tragen, dass der Hund immer eine Rückzugsmöglichkeit hat, in der er sich erholen und entspannen kann. Dies kann während einer Therapieeinheit der Fall sein, wenn der Hund durch eine bestimmte Situation gestresst ist oder aber im Anschluss im Sinne einer Erholungspause.

Eine authentische Zuneigung zum eigenen Hund, Kenntnisse über ihn, seine Körpersprache, seine Stärken und Schwächen und eine gute und stabile Bindung zu ihm sind also absolute Voraussetzungen, ohne die hundgestützte Therapie nicht gelingen kann. Außerdem erfordert die Arbeit mit einem Hund eine gewisse Gelassenheit und eine ruhige, souveräne Ausstrahlung. Zum einen wird dem Hund dadurch versichert wird, dass *sein* Mensch die Situation im Griff hat, zum anderen gibt sie dem Klienten Sicherheit in unvorhersehbaren Momenten des Hundeverhaltens. Denn bei aller Theorie darf man nie vergessen, dass der Hund kein programmierbares Instrument, sondern ein Lebewesen ist, dessen Verhalten und Reaktionen man nicht zu jedem Zeitpunkt hundertprozentig kalkulieren kann.

5.3 Voraussetzungen beim Klienten

Bei einer hundgestützten Therapie ist die wichtigste Voraussetzung beim Klienten dessen Freiwilligkeit bzw. sein Wunsch nach einem Kontakt mit dem Hund. Bei Kindern sollte selbstverständlich eine Einverständniserklärung der Erziehungsberechtigten eingeholt werden, um sicher zu stellen, dass keine gesundheitlichen Einschränkungen wie z.b. Allergien vorliegen.

Die Achtung vor dem Hund als Lebewesen und eine gewisse Vorsicht im Umgang mit ihm sollte vorhanden sein, gegebenenfalls muss der Klient im Vorfeld über die Bedürfnisse des Hundes aufgeklärt werden. Ihm sollte dann klar sein, dass ein Tier nicht alles, was der Mensch möchte, über sich ergehen lassen muss.

Der Klient sollte Spaß an der Interaktion und Kommunikation mit dem Hund haben. Dies kann vorab gegeben sein, aber genauso auch als Ziel des Kontaktes formuliert werden. So scheint es durchaus sinnvoll, z.B. bei einer vorherrschenden Angst vor Hunden, den eingesetzten Hund in kleinen Schritten in die Therapie mit einzubeziehen.

6. Autismus

„Imagine yourself alone in a foreign land. As you step off the bus, the local people crowd toward you, gesticulating and shouting. Their words sound like animal cries. Their gestures mean nothing to you. Your first instinct might be to fight, to push these intruders away from you; to fly, to run away from their incomprehensible demand; or to freeze, to try to ignore the chaos around you."[28]

Dieses Zitat vermittelt einen vorstellbaren Eindruck davon, wie Menschen mit Autismus sich in verschiedenen gesellschaftlichen Situationen fühlen, mit welchen Ängsten sie umgehen müssen und wie ihre Reaktionen aussehen könnten.

Autismus wird von der Weltgesundheitsorganisation in der Gruppe der psychischen Erkrankungen als eine tiefgreifende Entwicklungsstörung mit dem Schlüssel F 84 klassifiziert. In der von ihr herausgegebenen, aktuellen und international gültigen Ausgabe ICD-10 (International Statistical Classification of Diseases and Related Health Problems) aus dem Jahr 2011 bezeichnet sie:

Eine „Gruppe von Störungen … gekennzeichnet durch qualitative Abweichungen in wechselseitigen sozialen Interaktionen und Kommunikationsmustern und durch ein eingeschränktes, stereotypes, sich wiederholendes Repertoire von Interessen und Aktivitäten. Diese qualitativen Auffälligkeiten sind in allen Situationen ein grundlegendes Funktionsmerkmal des betroffenen Kindes."[29]

Diese Definition macht deutlich, dass die möglichen Auffälligkeiten nur sehr grob umschrieben sind und Autismus sich als ein sehr vielschichtiges, uneinheitliches Krankheitsbild zeigt. Auch müssen bei Menschen mit Autismus nicht notwendigerweise alle Bereiche der Entwicklung betroffen sein, z.B. können einige der Störungen eher spezifisch oder partiell als tiefgreifend sein.[30]

Symptome, Beschwerden und individuelle Ausprägungen des Autismus sind vielfältig. Sie können von leichten Verhaltensproblemen bis zur schweren geistigen Behinderung, aber auch bis zu überdurchschnittlicher Intelligenz reichen. Allen gemeinsam sind Beeinträchtigungen des Sozialverhaltens, kernsymptomatisch sind hier die Schwierigkeiten in der zwischenmenschlichen verbalen und nonverbalen Kommunikation. Weitere gemeinsame Merkmale können stereotype Verhaltensmuster, Sonderinteressen, motorische Ungeschicklichkeit und zwanghaft-pedantische Züge sein.

Autismus ist also eine Behinderung mit vielen Gesichtern, wobei das Verhalten des einen Autisten *niemals* dem eines anderen gleicht.[31]

Im deutschsprachigen Raum wird in den derzeitigen Diagnosekriterien zwischen dem frühkindlichen Autismus (F 84.0), dem atypischen Autismus (F 84.1) und dem Asperger-Syndrom (F 84.5) unterschieden. Mittlerweile wird aber immer öfter von einem Spektrum gesprochen, das verschiedene Schweregrade kennt: Autismus-Spektrum-Störung (ASS).

6.1 Frühkindlicher Autismus

Der amerikanische Kinderpsychiater LEO KANNER stellte 1943, in Anlehnung an den von BLEULER geprägten Begriff des Autismus, bei elf Kindern eine „Autistische Störung des affektiven Kontakts" fest und beschrieb erstmals das Störungsbild des frühkindlichen Autismus, auch Kanner-Syndrom genannt.

In der heutigen Diagnostik des frühkindlichen Autismus zeigen sich drei Symptomgruppen:

1. Qualitative Beeinträchtigung der sozialen Interaktion

Dieses Defizit äußert sich als unangemessene Wahrnehmung sozioemotionaler Reize, mangelnde Reaktion auf die Emotionen Dritter, mangelnde Verhaltensmodulation hinsichtlich des sozialen Kontextes, mangelnder Einsatz sozialer Signale und ein defizitäres soziokommunikatives Repertoire.

Vor allem in den ersten fünf Jahren fällt auf, dass betroffene Kinder von sich aus kein Kontakt- und Bindungsverhalten zeigen. Sie wirken emotional unerreichbar, reagieren nicht oder kaum auf körperliche

Zuwendung und zeigen keinen aufmerksamkeitssuchenden Blickkontakt.[32]

2. Qualitative Beeinträchtigungen der Kommunikation

Hier liegt ein grundlegendes Defizit des Einsatzes der Sprache für die soziale Kommunikation vor. Die Sprachentwicklung ist verzögert oder bleibt aus, der Sprachgebrauch ist gestört und es treten Sprachverständnisstörungen auf. Hinsichtlich des Einsatzes und des Deutens von Mimik und Gestik ist ein deutlicher Mangel zu erkennen.

Entweder es entwickelt sich keine sinnvolle Sprache oder sie ist durch eine Reihe von Eigentümlichkeiten gekennzeichnet, wie z.B. Echolalie (Wiederholen gesprochener Worte), Wiederholung stereotyper Phrasen oder idiosynkratischer Sprachgebrauch (Wortneu-schöpfungen oder Bedeutungszuordnungen).

Kinder mit frühkindlichem Autismus sind also nicht in der Lage, Sprache als soziales Kommunikationsmittel reziprok einzusetzen.[33]

3. Eingeschränkte repetitive und stereotype Verhaltensmuster, Interessen und Aktivitäten

Bei Kindern mit frühkindlichem Autismus zeigt sich früh ein gestörtes Spielverhalten: Sie spielen ohne Variation und Phantasie in rigider, stereotyper und eingeschränkter Weise, verbunden mit einer ungewöhnlichen Bindung an bestimmte Objekte. Es herrscht ein zwanghaftes Bestehen auf Gleicherhaltung von Lebensumwelt und Abläufen vor, einhergehend mit einem starken Widerstand gegen Veränderungen derselben. So können umgestellte Möbel, unangekündigte Besuche oder spontane Ortswechsel sie völlig aus der Fassung bringen und zu heftigen Affektstürmen führen.

Unter stark autistischen Menschen anzutreffende repetitive Stereotypien können sein: Schaukeln mit Kopf oder Oberkörper, im Kreis drehen, mit den Händen wedeln, Oberflächen betasten und vereinzelt auch selbstverletzendes Verhalten.

Ein weiteres in der ICD-10 erwähntes, jedoch nicht definierendes Kriterium für den frühkindlichen Autismus, der Beginn der Symptomatik vor dem 3. Lebensjahr, ist neuerdings umstritten, da es nicht verhaltensorientiert ist und es auch nach der angegebenen Zeit zur Ausbildung eines typischen Bildes kommen kann.[34]

Treten alle Symptome des frühkindlichen Autismus zusammen mit normaler oder überdurchschnittlicher Intelligenz auf, so spricht man vom High-Functioning-Autism (HFA). Verglichen mit dem Asperger-Syndrom sind die motorischen Fähigkeiten jedoch meist besser. Durch eine verzögerte Sprachentwicklung wird oft zunächst der Low-Functioning-Autism (LFA) diagnostiziert. Eine normale Sprachentwicklung kann jedoch noch erfolgen, bei der durchaus ein mit dem Asperger-Syndrom vergleichbares Funktionsniveau erreicht wird. Viele HF-Autisten sind deshalb als Erwachsene nicht von Asperger-Autisten zu unterscheiden, meistens bleiben die autistischen Symptome aber wesentlich deutlicher ausgeprägt als beim Asperger-Syndrom.[35]

Der Psychologe TONY ATTWOOD plädiert dafür, dass hier eine Unterscheidung aufgrund der Ähnlichkeiten der Profile der sozialen und der Verhaltensfähigkeiten nicht erzwungen werden sollte. Ihm zufolge gibt es derzeit weder überzeugende Daten noch Argumente, die bestätigen, dass es sich bei HFA und Asperger-Syndrom um zwei verschiedene Störungen handelt. Beide Begriffe können also synonym gebraucht werden.[36]

6.3 Atypischer Autismus

Der atypische Autismus bei Kindern wird entsprechend den Kriterien für die Diagnostik des frühkindlichen Autismus festgestellt. Entweder es fehlen notwendige Symptome aus einem der drei Beeinträchtigungs-Bereiche (atypische Symptomatik) und

/ oder Verhaltensauffälligkeiten zeigen sich erst nach dem dritten Lebensjahr (atypisches Erkrankungsalter).[37]

6.4 Asperger-Syndrom

Durch den Wiener Kinderarzt HANS ASPERGER 1944 erstmalig beschrieben, gilt das Asperger-Syndrom (AS) als eine *leichte* Form des Autismus. Auch hier ist eine Störung der Beziehungsfähigkeit gegeben. Als Hauptmerkmale führte Asperger „Auffälligkeiten des Blickkontakts, Mangel an Expressivität, fehlendes Einfühlungsvermögen, isolierten Rückzug, ausgeprägten Egozentrismus und ungewöhnliche und eingeschränkte Interessen" auf.[38]

Die ICD-10 definiert das Asperger-Syndrom nach F 84.5 wie folgt:

> „Diese Störung von unsicherer nosologischer Validität ist durch dieselbe Form qualitativer Abweichungen der wechselseitigen sozialen Interaktionen, wie für den Autismus typisch, charakterisiert, zusammen mit einem eingeschränkten, stereotypen, sich wiederholenden Repertoire von Interessen und Aktivitäten. Die Störung unterscheidet sich vom Autismus in erster Linie durch fehlende allgemeine Entwicklungsverzögerung bzw. den fehlenden Entwicklungsrückstand der Sprache und der kognitiven Entwicklung. Die Störung geht häufig mit einer auffallenden Ungeschicklichkeit einher. Die Abweichungen tendieren stark dazu, bis in die Adoleszenz und das Erwachsenenalter zu persistieren. Gelegentlich treten psychotische Episoden im frühen Erwachsenenleben auf."[39]

Die Diagnose Asperger-Syndrom wird meist erst im Kindergarten- bzw. Schulalter gestellt. Die Kinder fallen dadurch auf, dass sie an sozialen Fähigkeiten wenig bis kein Interesse zeigen und ein Einmischen in ihre eigenen Aktivitäten nicht akzeptieren. Soziale Regeln sind ihnen nicht verständlich. Im Umgang mit ihren eigenen und den Emotionen anderer sind sie unsicher und reagieren oft mit Unverständnis. Nonverbale Signale zu erkennen, fällt ihnen schwer. Motorisch wirken sie unbeholfen und staksig.[40]

Zur Diagnose werden meist die folgenden Kriterien nach GILLBERG & GILLBERG[41] verwendet:

1.   Soziale Beeinträchtigung (ausgeprägte Egozentrizität)

(mindestens zwei der folgenden Merkmale)

- Schwierigkeiten in der Interaktion mit Gleichaltrigen
- Indifferenz hinsichtlich Kontakten mit Gleichaltrigen
- mangelndes Verständnis für soziale Signale
- sozial und emotional unangemessenes Verhalten

2.   Eingeschränkte Interessen

(mindestens eins der folgenden Merkmale)

50

- Ausschluss anderer Aktivitäten

- repetitives Befolgen der Aktivität

- mehr mechanische als bedeutungsvolle Aktivitäten

3. Zwanghaftes Bedürfnis nach Einführung von Routinen und Interessen

(mindestens eins der folgenden Merkmale)

- mit Auswirkung auf alle Aspekte des Alltags der Betroffenen

- mit Auswirkung auf Dritte

4. Eigentümlichkeiten von Sprache und Sprechen

(mindestens drei der folgenden Merkmale)

- verzögerte Sprachentwicklung

- oberflächlich perfekte Expressivsprache

- formale, pedantische Sprache

- ungewöhnliche Stimmlage (Prosodie), eigentümliche Stimmqualität

- Sprachverständnisstörungen mit Fehlinterpretationen von wörtlicher / implizierter Bedeutungen

5. Nonverbale Kommunikationsprobleme

(mindestens zwei der folgenden Merkmale)

- reduzierter Einsatz von Gesten
- unbeholfene / ungeschickte Körpersprache
- eingeschränkter Gesichtsausdruck
- unangemessener Gesichtsausdruck
- eigentümlicher, starrer Blick

6. Motorische Ungeschicklichkeit

- niedrige Leistung bei Untersuchung der entwicklungsneurologischen Entwicklung

Eines der schwerwiegendsten Probleme für Menschen mit AS ist das beeinträchtigte soziale Interaktionsverhalten. Kindern und Jugendlichen mangelt es an dem Wunsch, mit Gleichaltrigen zu interagieren und Beziehungen herzustellen. Im Bereich der nonverbalen Kommunikation sind sie beeinträchtigt, sowohl im Verstehen als auch im Aussenden nonverbaler Signale. Das Aufnehmen und Halten von Blickkontakt fällt ihnen besonders schwer, genauso wie das Führen von Gesprächen, vor allem wenn es sich um belanglosen Smalltalk handelt. Soziale Regeln werden von Menschen mit AS nicht intuitiv verstanden, sondern müssen sich erst mühsam angeeignet werden. Die sozialen Defizite äußern sich weiterhin in Humorlosigkeit, einem Mangel an Einfühlungsvermögen (Theory of mind) und Distanzlosigkeit.

Die Sprachentwicklung setzt bei betroffenen Kindern eher früh und auf einem höheren Kompetenzniveau ein, das Denken ist durch Abstraktionsfähigkeit und Originalität gekennzeichnet. Häufig sind sie von ausgefallenen Sonderinteressen und stereotypen Verhaltensmustern absorbiert und wehren sich mit Affektdurchbrüchen gegen Einschränkungen. Oft treten zwanghaft-pedantische Züge auf. Auffällig ist auch eine motorische Ungeschicklichkeit bzw. Unbeholfenheit.[42]

Im Bereich der Wahrnehmung treten sensorische Über- oder Unterempfindlichkeiten gegenüber bestimmten Reizen auf. Die häufigste Überempfindlichkeit besteht gegenüber Geräuschen. Es gibt aber auch welche in Bezug auf Berührungen, Gerüche, Geschmack und Beschaffenheit des Essens oder die Intensität des Lichts. Außerdem gibt es Über- und Unterreaktionen auf Schmerz sowie Temperatur.[43]

Die meisten Menschen mit AS verfügen über bemerkenswerte Fähigkeiten in einem ausgewählten Fachgebiet. Eine wesentliche Komponente dieses Spezialinteresses besteht in der Sammlung und Katalogisierung von Dingen, aber auch von Informationen zu einem bestimmten Thema. Diese einzelgängerische Tätigkeit dominiert oft sowohl die Freizeit als auch die Gespräche der betroffenen Person. [44]

Auf drei fehlgeleitete psychologische Abläufe, die abweichendes Verhalten verursachen, sei hier besonders hingewiesen, da sie im später dargestellten Kontext mit Tieren eine wesentliche Rolle spielen:

1. Theory of Mind

Dieser Begriff beschreibt die Fähigkeit, Gefühle, Gedanken, Überzeugungen, Wünsche und Absichten anderer Menschen zu erkennen und zu verstehen. Nur so ist deren Verhalten einschätzbar und man kann vorhersagen, was sie als Nächstes tun werden. Menschen mit AS fehlt diese Fähigkeit, sie zeigen einen deutlichen Mangel an Empathie, d.h. sie können sich nicht in Andere hineinversetzen. Sie stellen selten Blickkontakt her und können auch nicht im Gesicht ihres Gegenübers *lesen*. Sie können somit nicht erkennen, wenn der Gesichtsausdruck nicht mit dem Ton und dem Kontext einer Aussage übereinstimmt. Sarkastische und ironische Bemerkungen werden so oftmals nicht verstanden, eher besteht die Neigung, die Dinge wörtlich zu nehmen.[45]

2. Beeinträchtigte Exekutivfunktionen

Sie führen dazu, dass autistische Kinder kaum in der Lage sind, einen Handlungsplan aufzustellen, also ihr Handeln schrittweise und logisch zu planen, um es dann umzusetzen. Ein wichtiger Aspekt ist hier auch die eingeschränkte Fähigkeit, das Handeln veränderten äußeren Umständen anzupassen. Hieraus resultieren der Wunsch nach Ritualen, routinierten Tagesabläufen und der Widerwille gegen Veränderungen jeglicher Art (Gleicherhaltungstendenz).

3. Zentrale Kohärenz

Kinder mit AS können erstaunlich gut in der Wahrnehmung von Details sein, haben aber beträchtliche Schwierigkeiten, das Gesamtbild und den Zusammenhang zu erkennen, zu verstehen und sich dementsprechend angemessen zu verhalten. So werden relevante Ereignisse nicht als zusammenhängend erfasst. In einer sozialen Situation nehmen Menschen ohne AS bevorzugt die anwesenden Menschen oder Dinge wahr, die für sie persönlich wichtig sind. Bei einer Person mit AS führt zum einen die Reizüberflutung und die oben beschriebene *Kontextblindheit* dazu, dass sie die Priorität auf die Wahrnehmung von Details, wie z.B. des Musters eines Teppichs oder der Beleuchtung legt. [46]

6.4 Autismus-Spektrum-Störung

Neben den stark kategorisierenden Unterteilungen des Autismus in verschiedene, deutlich voneinander abzugrenzende Arten, wird in den letzten Jahren vermehrt von einem Konzept des fließenden Übergangs zwischen den verschiedenen Formen gesprochen. Da die Störung ein Kontinuum unterschiedlichster Symptome und Ausprägungen beinhalten kann, wird heute oft der Begriff Autismus-Spektrum-Störung (ASS) verwendet. [47] Die Abgrenzungen innerhalb des Spektrums lassen sich selten eindeutig bestimmen, da viele Mischformen und fließende Übergänge zu beobachten sind.

Die Bezeichnung der ASS „basiert auf der Auffassung, dass die autistischen Störungen sich nicht qualitativ unterscheiden, sondern lediglich quantitativ, d.h. in Bezug auf den Schweregrad der Störung. Damit wird ein dimensionaler Ansatz vertreten, der davon ausgeht, dass sich verschiedene autistische Störungen nicht in klar unterscheidbare Kategorien unterteilen lassen."[48]

Ich werde in der vorliegenden Arbeit die Bezeichnungen *Autismus-Spektrum-Störung* und *Autismus* synonym verwenden.

6.5 Schüler/-innen mit Asperger-Syndrom

Die Ständige Konferenz der Kultusminister beschloss im Jahre 2000 „Empfehlungen zu Erziehung und Unterricht von Kindern und Jugendlichen mit autistischen Verhalten."[49] Diese Empfehlungen sind jedoch mitunter sehr weit gefasst und nicht immer eindeutig formuliert. Klar ist aber, dass die Förderung von Schülern mit AS Aufgabe aller Schularten ist. Es gibt keine eigene Schulart, die sich dieser Klientel widmet. Angestrebt wird eine Beschulung an Regelschulen, bei entsprechender Problematik ist aber auch der Besuch einer Förderschule z.B. mit sozial-emotionalem Schwerpunkt möglich.

„*Das* autistische Kind gibt es nicht. Jedes autistische Kind ist anders. Jedes autistische Kind ist eine neue Herausforderung für die Lehrkraft."[50]

Mit diesen Worten beginnt Nicole Schuster, selbst betroffen vom Asperger-Syndrom, ihren Ratgeber für Lehrer, Psychologen und Eltern. Da sie aus eigener Sicht die Innenwelt eines Kindes mit AS und dessen Schwierigkeiten in der Schule schildern kann, ist sie in der Lage, wertvolle praxisorientierte Tipps und Hinweise zu geben, um die Herausforderung Schule und Unterricht zu meistern.

Ziel aller Hilfs- und Integrationsmaßnahmen, wie z.B. einer Schulbegleitung (darauf gehe ich im Praxisteil näher ein), ist die Integration des Betroffenen in sein soziales Umfeld (in dem Fall die Schule), eine weitestgehende Selbstständigkeit und damit einhergehende Unabhängigkeit von entsprechender Unterstützung. Anfangs ist dabei oft eine intensive, gezielt störungsangepasste und individuelle Unterstützung notwendig, die nur in Kooperation aller

Beteiligten, d.h. der Lehrkräfte, der Eltern, des Kostenträgers und der Begleitperson erfolgen kann.[51]

Eine ausführliche Schilderung der Probleme von Kindern und Jugendlichen mit AS in der Schule würde an dieser Stelle zu weit führen, doch mag die folgende Tabelle in Anlehnung an WILCZEK einen Eindruck verschaffen, wie vielfältig die Problematik ist und wie die Hilfen des Schulbegleiters im Einzelnen aussehen kann.

	Problem	Folge	Bewältigungsstrategien des Betroffenen	Hilfen durch den Schulbegleiter
Wahrnehmungs-verarbeitung	fehlende Filterfunktion, Reizverarbeitung	je mehr Reize, desto anstrengender die Situation, hohe Grund-anspannung/ -unsicherheit, Überforderung, Stress	Rückzug, Vermeidung der Situation, Verzweiflung, Auto-Aggression	Schaffung reizarmer, bzw. klar strukturierter Lernräume, Rückzugsmöglichkeit
Aufmerksamkeit	Reizüberflutung, ADS	Lenkung der Aufmerksamkeit erschwert, Wichtiges kann nicht von Unwichtigem unterschieden werden, abdriften, Überforderung	aktive Vermeidung, Überselektion	Überschaubarkeit des Zeitraums, Verlässlichkeit (bei positiver Verstärkung)
Gedächtnis	Reize werden (wahllos) schnell und dauerhaft aufgenommen und gespeichert	Überlagerung, Gedankenchaos, Overflow	Verweigerung, Selbstüberforderung, extreme Spannungszustände, Ausbrüche	ruhige, verbale Anweisungen, visuelle Hilfen, Abdecken nicht relevanter Aufgaben
Vorstellung von Situationen	keine angemessene Vorstellung von der zu erwartenden Situation	starke Verunsicherung, massive Ängste vor neuen Situationen oder Veränderungen	Vermeidung von Veränderungen, Gleicherhaltungstendenz, Rituale, Stereotypien	klare, visuell gut strukturierte Stunden- bzw. Ablaufpläne, Heranführen an neue Situationen
Empathie	Mangel an Empathie, eingeschränkte Fähigkeit, eine Theory of Mind zu entwickeln	grundlegende soziale Unsicherheit	Rückzug in sich selbst, Vermeidung jeglicher sozialer Situationen / Kontakte Resignation, Kompensation durch Reproduktion von erlerntem bzw. beobachtetem Verhalten	Transparenz, Rückmeldungen, Erklärungen

	Problem	Folge	Bewältigungsstrategien des Betroffenen	Hilfen durch den Schulbegleiter
Logik	logisches Denken	empfundene Unlogik kann schwer ertragen werden	Versagensängste, Rückzug	erklären, klare Anweisungen, Sicherheit vermitteln, beruhigen
Digitales Denken	digitalisieren in der Bewertung von Ereignissen	Hat ein Ereignis eine Situation auch nur einen unguten Aspekt, fällt es in die Kategorie „schlecht"	Perfektionismus, dadurch permanente Überforderung, Verzweiflung, Aggression	Anzeichen wahrnehmen, Verständnis, Geduld, Vermittlung von Variationsbreiten von Bewertungen, positive Rückmeldungen und Ermutigungen
Störungen in der Selbststeuerung				
Handlungs-hemmung	keine automatisierten Handlungsab-läufe, keine oder verzögerte Handlungen, Anspannung	kann erwartete Handlung nicht umsetzen > Anspannung	Verweigerung von neuen Aufgaben / Anforderungen	Strukturierungshilfen, visuelle und akustische Hilfen zur Übersichtlichkeit bzw. als Impulsgeber
Unwillkürliche Bewegungen, motorische Unruhe	innere Anspannung führt zu motorischer Unruhe, die sich verselbstständigt > Kontrollverlust	Hilflosigkeit, Unverständnis / Reaktionen der Umwelt	„zusammenreißen" > führt zu noch mehr Anspannung	genaue Diagnostik (ADHS?), evt. Medikation, Alltagsstruktur, klare und deutliche Ansprache, körperliche Betätigung, Therapie
Körperwahr-nehmung				
Hypersensibilität	jegliche Berührung der Haut unangenehm	ständige Quelle für Belastung u. Ablenkung (Kleidung)	Vermeidung/Ablehnung von Berührungen	
Sensibiliäts-mangel	diffuse Verarbeitung von Berührungen	Grenze zur Außenwelt nicht wahrnehmbar	Selbststimulation	Verständnis für dieses neurologische Phänomen
Mangel an Tiefen-Sensibilität, Koordinations-probleme	angemessene Dosierung von Kraft	Ungeschicklich-keit, körperliche Erschöpfung (z.B. beim Schreiben)	Vermeidung	erklären, ermutigen, bestätigen
Warm-/ Kaltempfinden	Beeinträchtigung des Empfindens	Einschätzen der Außen-Temperatur schwierig > falsche Kleidung	passive Haltung, Festhalten am Gewohnten	

Tabelle: Probleme und Bewältigungsstrategien von Schülern mit Asperger-Syndrom – Hilfen[52]

7.   Hunde als soziale Katalysatoren für Menschen mit Autismus

Dass Hunde für Menschen mit Autismus eine besondere Rolle spielen können und auch den Zugang zu betroffenen Kindern erleichtern sowie deren Sozialkompetenz stärken, zeigen autobiographische Bücher wie „Ein Freund namens Henry"[53] oder „Cowboy and Wills"[54], in denen Mütter eindrucksvoll die Entwicklung ihrer autistischen Kinder schildern, nachdem ein Hund in die Familie integriert wurde. Zwischen den Hunden und den Kindern entwickelte sich kleinschrittig eine Beziehung, die zunächst einen Ersatz für Freundschaften mit Gleichaltrigen darstellte. Im weiteren Verlauf führte sie aber dazu, dass über den Hund auch Kontakte zu anderen Kindern hergestellt wurden. Denn „wer ein eigenes Haustier besitzt, gilt als attraktiver Gefährte."[55] Das Tier dient somit als *Türöffner* für neue Kontakte.

Im Folgenden möchte ich aufzeigen, auf welchen Ebenen sich Menschen mit einer ASS und Hunde begegnen (können), wo ein Austausch stattfindet, wie dieser aussehen und wie er zu einer Verbesserung der Lebensqualität der Betroffenen führen kann.

7.1 Denken in Bildern und sensorische Wahrnehmung

TEMPLE GRANDIN, geboren 1947 in Boston, Professorin für Tierwissenschaften an der Colorado State University in Fort

Collins, USA und selbst Autistin, gilt gleichermaßen als Expertin auf dem Gebiet der Verhaltensbiologie der Nutztiere wie auf dem Gebiet des Autismus. Das Denken in Bildern und die größere sensorische Empfindsamkeit unterscheiden für sie Autisten von Nicht-Autisten.

Die von ihr beobachteten Reaktionen von Tieren fasst sie als Hinweis darauf auf, dass auch Tiere eine vergleichbar ausgeprägte sensorische Disposition haben und wahrscheinlich in Bildern denken. Während einer Autofahrt mit ihrer Tante hatte sie zufällig eine entscheidende Beobachtung am Straßenrand gemacht: Rinder in einer Pressmaschine, damit diese geimpft werden konnten:

„Ich war völlig fasziniert von dem Anblick der in diese Maschine gepferchten Tiere. Man sollte meinen, dass die Rinder panisch reagieren, wenn sie so in die Zange genommen werden, doch das Gegenteil ist der Fall. Sie werden plötzlich ganz ruhig. Das ist gar nicht so unlogisch, wenn man bedenkt, dass starker Druck äußerst beruhigend wirkt. Aus demselben Grund empfinden wir auch Massagen als angenehm. Der Fang- und Behandlungsstand gibt den Rindern höchstwahrscheinlich das Gefühl, das sonst nur Neugeborene haben, wenn man sie wickelt. Oder Taucher unter Wasser. Sie mögen das. Noch während ich die Rinder betrachtete, wurde mir klar, dass ich auch so was brauchte. Als ich im Herbst auf das Internat zurückkehrte, half mir ein Lehrer, für mich einen „Behandlungsstand" zu bauen. Ich kaufte mir einen Kompressor und benutzte Sperrholzplatten für die V-Struktur. Die so entstandene squeeze machine funktionierte tadellos. Wenn ich in meine squeeze machine ging, beruhigte ich mich sofort. Ich benutze sie heute noch. Dank ihr und der Pferde überlebte ich die Pubertät."[56]

Auch heute werden in der Therapie von Menschen mit Autismus z.B. Bleiwesten eingesetzt, um eine bessere Körperwahrnehmung zu erreichen bzw. in einem akuten Erregungszustand eine Beruhigung herzustellen. Das gleiche Prinzip wird auch beim Pucken von Säuglingen angewandt. Sie werden hierbei eng in Decken gewickelt, so dass die Bewegungsfreiheit von Armen und Beinen eingeschränkt ist. So findet eine Begrenzung zur Außenwelt statt und es setzt eine andere Körperwahrnehmung ein, die beruhigend wirkt.

In ihrem Buch *Animals in Translation – Using the mysteries of autism to decode animal behavior* geht GRANDIN aufgrund der langen gemeinsamen Evolution von der tiefen Zusammengehörigkeit und Partnerschaft zwischen Menschen und Tieren aus. Dabei sieht sie autistische Menschen als eine *Wegstation* auf der *Straße zwischen Tier und Mensch*, was ihnen eine andere Perspektive und somit ein besseres Verständnis der Sprache der Tiere ermöglicht.[57] Menschen mit Autismus sind primär visuell ausgerichtete Menschen. Sie sehen genau wie Tiere sehr detailorientiert, was dazu führt, dass die Welt als eine Ansammlung von unzähligen kleinen Details wahrgenommen wird. Sie sehen, hören und fühlen all die Dinge, die sonst niemand bemerkt.[58]

7.2 Kommunikation

Ein großer Störfaktor in der sozialen Interaktion ist die Schwierigkeit autistischer Menschen, sich in andere hinein zu versetzen und Empathie zu zeigen. Im Zusammensein mit Tieren scheint dies besser zu gelingen. Da hier die Kommunikation auf einer nonverbalen körper-sprachlichen Ebene abläuft, fällt die Entschlüsselung der oftmals für Autisten so schwer verständlichen nuancenreichen und kontextgeladenen gesprochenen Sprache weg.

„Die menschliche Sprache, so genau sie mit ihren Tausenden Worten ist, so herrlich unbestimmt kann sie auch sein."[59]

Die Sprache eines Hundes ist eindeutiger, authentischer, kann einfacher gelesen werden. Freude und Glück beim Hund z.B. werden signalisiert durch Schwanzwedeln, wohingegen Freude beim Menschen durch zahlreiche andere sehr facettenreiche Signale vermittelt wird, die es gilt zu entschlüsseln. Der autistische Dale aus „Ein Freund namens Henry" schildert seine Schwierigkeiten diesbezüglich so:

> „Ich kann es nicht leiden, herausfinden zu müssen, was mir der Gesichtsausdruck von jemandem sagt, vor allem wenn ich ein Gesicht zum ersten Mal sehr oder jemanden nicht gut kenne. Früher hat es mir Angst gemacht, weil ich nicht erkennen konnte, ob Leute wütend waren oder sich wohlfühlten, und das mit dem Augenkontakt war sehr verwirrend und beängstigend für mich:"[60]

Was für ihn an seinem Hund Henry so besonders war, beschreibt er selbst mit den Worten:

„Ich mochte sein [Henrys] kluges Gesicht und vertraute ihm vollkommen... Man konnte alles in seinen Augen sehen, die waren sehr gütig. Und ich konnte ihm an den Augen und an seinem Gesicht ansehen, wie es ihm ging. Henrys Gesichtsausdruck veränderte sich immer nur ganz wenig, und ich verstand, was es bedeutete."[61]

Jedes Verhalten, jede Bewegung hat einen Mitteilungscharakter. Auf der Beziehungsebene können wenige der gesendeten Signale bewusst gelenkt werden. Die Kommunikation bewegt sich vor allem auf einer subjektiv emotionalen Beziehungsebene.

Da Tiere vor allem auf die analogen Anteile der Kommunikation antworten, verlangen sie von der Person, die mit ihnen in Beziehung steht, eine echte, stimmige Bezogenheit.[62] Dies gelingt Menschen mit Autismus in der Regel leichter, da sie eine bessere Abstimmung zwischen analoger und digitaler (verbaler) Kommunikation herstellen und es selten zu Diskrepanzen kommt.

Im Umkehrschluss kann es von großer Bedeutung sein, einem Kind mit Autismus beizubringen, die Beschwichtigungssignale (Calming Signals) eines Hundes lesen zu lernen. Dies kann zu einem hilfreichen Sprungbrett werden, auch die nonverbalen Signale beim Menschen zu beachten und deuten zu können.[63]

DOBBS spricht hier vom Herzstück der Tiergestützten Therapie: „Learning to read a dog's body language and teaching the child to respond to this language in appropriate ways is at the heart of animal-assisted therapy for children with developmental disabilities."[64]

7.3 Emotionale Bindung

„Tiere betrügen einen nicht, sie ärgern einen nicht und sie sind auch nicht so unbeständig wie viele Menschen; außerdem fällen sie keine Urteile über einen."[65]

Auch GRANDIN spricht davon: „… animals are loyal. If an animal loves you he loves you no matter what. He doesn't care what you look like or how much money you make."[66] Sie geht davon aus, dass hier noch eine weitere Verbindung zwischen Autisten und Tieren besteht: Beide sind in ihren Emotionen direkt und offen, nie aber ambivalent. Sie können Gefühle kaum oder gar nicht verstecken bzw. unterdrücken. Auch die Gefühlsäußerungen von Kindern sind geradeheraus und loyal, genau wie bei Hunden.

Kinder mit einer ASS, die offensichtlich anders sind als die anderen, laufen Gefahr, geärgert, gehänselt und ausgeschlossen zu werden. Bei ihnen bekommen Schimpfwörter wie „dumm", „Spinner" oder „schwul" eine besondere Bedeutung, da sie dazu neigen Kommentare dieser Art wörtlich zu nehmen und somit ihre eigene Persönlichkeit noch mehr in Frage stellen.[67]

Der ständige Druck und der Wunsch, so sein zu wollen wie alle anderen, kostet diese Kinder jeden Tag viel Kraft und einen hohen kognitiven Einsatz, um sich in dieser von Leistungsdruck geprägten Gesellschaft zurecht zu finden.

(Haus-)Tiere können hier zum emotionalen Anker werden, um Krisen zu bewältigen. Sie spenden Ruhe und Kraft, haben immer

Zeit und sind immer für *ihre* Menschen da. Gerade Hunde vermitteln den Kindern soziale Akzeptanz, Geborgenheit und Sicherheit. Lässt ein Kind mit einer ASS sich auf einen Hund ein, erleichtert ihm dieser den Weg in die soziale Welt.

An dieser Stelle verweise ich rückblickend auf die Ausführungen zur Bindungstheorie in Kapitel 2.1.2 und die Tatsache, dass vor allem zu Hunden tiefgehende Beziehungen aufgebaut werden können. Gerade für Kinder mit Autismus können sie zu wertvollen Partnern werden. Vor allem bei den oft vorherrschenden Schwierigkeiten im sozialen Bereich können sie in Form eines *Eisbrechers* die Kontaktaufnahme zu anderen Menschen erleichtern. Einen stabilen Partner an seiner Seite zu wissen, vermittelt Sicherheit und verringert soziale Ängste.

8. Hunde als Partner im Alltag und in der Therapie

Bei meiner Recherche zum Thema Hundgestützte Therapie für Menschen mit Autismus musste ich feststellen, dass sowohl das Störungsbild Autismus gerade im Bereich Schule immer mehr in den Focus rückt und auch viel Bewegung im Bereich der tiergestützten Arbeit zu verzeichnen ist. Eine Verbindung zwischen beiden scheint jedoch in Deutschland noch in den Kinderschuhen zu stecken. Sicherlich werden vielfach Hunde bereits eingesetzt ohne dass die Therapeuten dies jedoch publik machen. Explizit zu diesem Thema liegt im Internet-Portal www.tiergestuetzte-therapie.de ein Bericht von BIRGIT TSCHOCHNER zum Thema „Tiere in der Autismus-Therapie vor".[68] Außerdem konnte ich zwei Arbeiten ausfindig machen, die sich jedoch im Umfang stark voneinander unterscheiden: Eine Studienarbeit mit dem Thema „Hundegestützte Therapie in der Arbeit mit autistischen Kindern"[69] sowie eine Examensarbeit mit dem Titel „Hundegestützte Förderpädagogik bei Asperger-Syndrom: Evaluation einer Einzelförderung".[70] LIESENBERG-KÜHN befasst sich in ihr mit den positiven Auswirkungen eines Schulhundes auf einen Schüler mit Asperger Syndrom.

In den USA hingegen hat sich der Einsatz von Hunden in diesem Bereich schon etabliert. Es ist auch umfangreiche entsprechende Literatur zu diesem Thema vorhanden.

Exemplarisch möchte ich deshalb an dieser Stelle die *North Star Foundation* vorstellen, sowie das deutsche Internetforum *AutieDogs*, das zumindest einen Anfang in diesem Land machen könnte.

8.1 North Star Foundation

„A child with autism, like the rest of us, needs a reliable friend at the end of the day."[71]

Sich auf dieses Bedürfnis von Kindern beziehend hat die Psychologin PATTY DOBBS GROSS es sich zur Aufgabe gemacht, zukünftige Assistenzhunde für Kinder mit Autismus und anderen Entwicklungsstörungen zu züchten, gezielt in betroffene Familien zu vermitteln und mit ihnen gemeinsam den Hund entsprechend der Bedürfnisse zu trainieren. Die gemeinnützige Organisation *North Star Foundation* ist von ihr im Jahr 2000 gegründet worden.

Die Besonderheit ist, dass die Hunde nicht wie herkömmliche Assistenzhunde nach einer Ausbildung von ca. 2 Jahren, sondern schon als Welpen in den Familien platziert werden. Hiermit soll sicher gestellt werden, dass eine größtmögliche Bindung zwischen Kind und Hund zustande kommt. Der Schwerpunkt liegt also vorab auf der frühen Sozialisation des Hundes, so dass er frühzeitig Erfahrungen in Bezug auf das Kind und seine Eigenarten sammeln kann. Umgekehrt ist laut GROSS die aktive und pflegende Rolle, die das Kind beim Aufziehen und Trainieren eines Welpen übernimmt, der ideale Weg, ihm Empathie und Verantwortung, aber auch eine adäquate Kommunikation zu vermitteln.[72]

Da die Hund-Kind-Beziehung eine wesentliche und tragende Rolle spielt, werden die anfänglichen Begegnungen supervisorisch begleitet und die Familien auch im weiteren Verlauf unterstützt. Einbezogen werden neben Eltern, Geschwistern und Verwandten auch Therapeuten sowie das soziale und schulische Umfeld. Der Focus liegt zu jeder Zeit im sozialen, emotionalen und erzieherischen Bereich.

GROSS spricht von den Hunden als von einer *Brücke*, zum einen zwischen dem Kind und seiner sozialen Umwelt, aber auch im Sinne einer Verbindung zwischen Therapie und häuslichen Aktivitäten. So kann es z.B. zur Generalisierung erlernter Sprache und zu einer Übertragung in den Alltag kommen. Gerade hier haben Kinder mit Autismus große Schwierigkeiten.

Bis jetzt sind durch die North Star Foundation ca. 100 Hunde in Familien vermittelt worden.[73]

8.2 AutieDogs

AutieDogs ist ein privat installiertes Internetforum, mit dem Ziel, eine Informationssammlung bereitzustellen, um Menschen mit Autismus und deren Angehörigen bei Fragen zur

Hundeanschaffung, Hundehaltung und Therapie zu helfen. Die Möglichkeit zum Austausch und Kontakt unter interessierten Nutzern, die es früher gab, ist allerdings nicht mehr vorhanden.[74]

AutieDogs werden hier als Hunde verstanden, die Menschen mit Autismus begleiten, entweder als Lebenspartner im Alltag oder gezielt in einer Therapie. Ausgangspunkt ist, dass ein Mensch mit Autismus ebenso Bedürfnisse und Wünsche, z.B. nach sozialen Kontakten hat, deren Erfüllung mit Hilfe eines Hundes leichter gelingen kann.

Es werden Tipps angeboten für die Anschaffung eines Hundes für den privaten Bereich, Voraussetzungen bei Mensch und Hund thematisiert, sowie die Abgrenzung von einer privaten Nutzung Betroffener zum fachlichen Einsatz eines Hundes in der Therapie deutlich gemacht.

9. Praktischer Teil

9.1 Versorgung von Kindern mit einer Autismus-Spektrum-Störung in Braunschweig

9.1.1 Autismusambulanz

Die Autismusambulanz der Lebenshilfe Braunschweig ist ein Therapie- und Förderzentrum für Menschen mit einer Autismus-Spektrums-Störung. Sie bietet ambulant und mobil Therapie und Förderung für Kinder, Jugendliche und Erwachsene an. Eltern und andere Bezugspersonen werden beraten und unterstützt und es gibt eine enge Zusammenarbeit mit anderen Institutionen, die durch Information und Fortbildung unterstützt werden.

Ziele der Arbeit in der Autismusambulanz sind die Förderung der sozialen und kommunikativen Kompetenzen, eine Erweiterung der Handlungsmöglichkeiten, Förderung der Wahrnehmungs-verarbeitung, Weiterentwicklung der kognitiven Funktionen, Hilfe bei emotionalen Problemen, Unterstützung bei Verhaltens-problemen, sowie systemische Beratung von Familien und weiteren Bezugssystemen.[75]

In der Autismusambulanz sind derzeit 10 Therapeuten beschäftigt, die insgesamt 90 betroffene Kinder, Jugendliche und Erwachsene betreuen.

9.1.2 Schulbegleitung

Damit Kinder und Jugendliche mit geistiger und / oder körperlicher Behinderung also auch Menschen mit autistischen Störungen in ihrem sozialen Umfeld zur Schule gehen können benötigen manche von ihnen eine Schulbegleitung. Sie findet an Regel- sowie an Förderschulen statt und schließt jede Altersstufe ein. Der Schulbegleiter ist eine anspruchsvolle Assistenz für die schulische Begleitung eines Kindes zur Teilhabe an angemessener Bildung, wobei die individuellen Einschränkungen eine unterschiedliche Fachkompetenz der Schulbegleitung voraussetzen.[76]

In Zusammenarbeit mit dem örtlichen Träger der Jugend- oder Sozialhilfe erfolgt die Schulbegleitung nach einem individuellen Hilfeplan mit Zielvereinbarung. Damit nehmen die Kinder und Jugendlichen so selbstständig wie möglich am Unterricht teil.

Unterstützung erfolgt im pflegerischen und lebenspraktischen Bereich, im emotionalen und sozialen Bereich, bei der Integration in der Klasse und beim organisatorischen Ablauf des Schulalltags, bei der Begleitung in Krisensituationen sowie beim Lernen und bei Tätigkeiten, die von der Lehrkraft vorbereitet und verantwortet werden. Wie diese Hilfestellungen im Einzelnen aussehen können, beschreibt die Tabelle in Kapitel 6.5.

Die Autismusambulanz und die Schulbegleitung der Lebenshilfe in Braunschweig arbeiten eng verzahnt miteinander.

Es findet ein regelmäßiger Austausch zwischen und innerhalb der interdisziplinären Teams statt, so dass eine optimale Versorgung der Klienten sicher gestellt wird.

9.2 Moreno Schule Wolfenbüttel

Die Moreno Schule der Mansfeld-Löbbecke-Stiftung in Wolfenbüttel ist eine staatlich anerkannte Förderschule mit dem Schwerpunkt emotionale und soziale Entwicklung.

Zielgruppe sind Kinder und Jugendliche mit deutlichen Entwicklungs-, Wahrnehmungs- und Beziehungsstörungen, die unter anderem

- über ein psychiatrisches oder neurotisches Störungsbild verfügen

- Störungen der Selbst- und Fremdwahrnehmung aufweisen

- sich nur in einem eng strukturierten Setting wohl fühlen

- aus der Psychiatrie entlassen, aber nicht regulär beschult werden können

- selbst oder fremd gefährdend handeln

- aggressives oder regressives Verhalten zeigen

Grundlage für die schulische Arbeit sind die individuelle Lernausgangslage sowie die aktuelle psychoemotionale Grundstimmung der Kinder und Jugendlichen. Zum Leitbild der Schule gehören eine wertschätzende Haltung der Lehrer, verlässliche Beziehungen und ein kooperativer Kontakt untereinander. Durch eine differenzierte Förderdiagnostik und ein schülerzentriertes Setting entsteht ein lebendiger, Lebens-, Erfahrungs- und Lernraum.

Es stehen 36 Schulplätze für Kinder und Jugendliche der Schuljahrgänge 1 bis 10 zur Verfügung. Möglich ist das Erreichen des Hauptschul- und Realschulabschlusses sowie eines Förderschulabschlusses. Bei entsprechender Schülerzusammensetzung ist die Einrichtung einer Asperger-Autisten-Lerngruppe möglich.[77] Zurzeit gibt es eine Lerngruppe mit sieben Schülern mit Asperger Syndrom.

9.3 Fallbeschreibung Matthes

Matthes ist ein 16 Jahre alter, stark gebauter und sehr kräftiger Jugendlicher, der zurzeit die Moreno Schule in Wolfenbüttel besucht. Am Nachmittag wird er dort ebenfalls in einer Tagesgruppe betreut. Seit der Grundschulzeit wird er durch eine Integrationshilfe in Form einer Schulbegleitung unterstützt. Ich begleite Matthes seit Dezember 2011 mit 15 Stunden pro Woche.

Im Sommer 2011 hat er bereits seinen Förderschulabschluss geschafft. Nach Beenden der 10. Klasse wird Matthes im September 2012 in den Berufsbildungsbereich der Behindertenwerkstätten Berkhöpen in Edemissen wechseln.

- Familiäre Situation

Bevor ich näher auf Matthes' Autismus-Diagnostik und die damit einhergehenden Einschränkungen und Schwierigkeiten eingehe, möchte ich seine bisherige und aktuelle familiäre Lebenssituation schildern, da sie meines Erachtens eine nicht unerhebliche Rolle für sein eigenes Erleben und sein Selbstbild spielt.

Matthes' leibliche Eltern zeigten bereits kurz nach der Geburt kein Interesse an ihrem Kind und überließen die Versorgung den Großeltern mütterlicherseits. Diese waren und sind Matthes' feste Bezugspersonen, bei denen er seitdem lebt und die auch die offizielle Pflegschaft für ihn haben. Er nennt sie Mama und Papa, im Beisein unbekannter Dritter spricht er jedoch von Oma und Opa. Zu seinen leiblichen Eltern besteht nach wie vor kein Kontakt. Matthes selbst thematisiert des Öfteren, ein unerwünschtes Kind gewesen zu sein und spricht über seine drei Schwestern, die nach ihm zur Welt kamen, zu denen er aber keinen Kontakt hat.

Diese Entwicklung hat sicherlich dazu beigetragen, dass Matthes kein stabiles Selbstbild von sich selbst entwickeln konnte.

- Diagnose

Schon in früher Kindheit zeigten sich bei Matthes abweichendes Verhalten und Auffälligkeiten, zusätzlich machten sich deutliche Rückstände im Bereich der konstruktiv-motorischen und der sprachlich-rezeptiven Fähigkeiten bemerkbar. Es wurde im Alter von 5 Jahren trotz der Entwicklung von Sprache ein Frühkindlicher Autismus diagnostiziert (zu den Diagnosekriterien siehe Kapitel 6.1). Seine Sprache benutzte er zu diesem Zeitpunkt jedoch stereotyp, echolalisch und repetitiv. Im weiteren Behandlungsverlauf erfolgte aufgrund der relativ gut weiterentwickelten kognitiven und sprachlichen Fähigkeiten eine Einordnung im Sinn eines Atypischen Autismus (F 84.1, High Functioning Autism). Weiterhin wurde ein allgemeiner Entwicklungsrückstand (F 79), eine Aufmerksamkeitsstörung (F 98.8) sowie ein Pavor nocturnus (F 51.4, Schlafstörung) festgestellt. Zu diesem Zeitpunkt wurde von einer leichten geistigen Behinderung ausgegangen.

Im späteren Verlauf kristallisierten sich bei Matthes jedoch eher Symptome des Asperger Syndroms heraus, so dass es bei ihm und seinem Verlauf des Störungsbildes sicher sinnvoll ist, von einer

Autismus-Spektrum-Störung, wie in Kapitel 6.4 beschrieben, zu sprechen.

Matthes war zwischenzeitlich aufgrund massiver Vorfälle stationär in einer Kinderpsychiatrie untergebracht, im Anschluss wurde er therapeutisch in der Autismusambulanz der Lebenshilfe in Braunschweig betreut.

Ihm ist es schon immer schwer gefallen, Gefühle anderer einzuschätzen und zu deuten, auch seine eigenen Grenzen kann er nicht gut ermessen. Aus diesem Grund kam es des Öfteren zu Konfliktsituationen und auch zu unkontrollierbarer Gewalt gegenüber Gegenständen.

Matthes ist sehr kommunikativ Erwachsenen gegenüber und kann auch seine aktuellen Befindlichkeiten gut mitteilen. Probleme hat er oftmals noch mit der Einhaltung von Gesprächsregeln. Er kann es nicht gut ertragen, nicht im Mittelpunkt zu stehen. Zu Jugendlichen seines Alters hat er nur in der Schule Kontakt, enge soziale Kontakte zu Gleichaltrigen in seiner Freizeit hat er nicht. Er wünscht sich aber Freundschaften und auch eine Freundin.

Autismusspezifische Sonderinteressen sind bei ihm ausgeprägt in einer besonderen Affinität zum Sammeln von Geldscheinen der ehemaligen deutschen Währung *Deutsche Mark*, hierfür gibt es sein gesamtes Geld aus. Er besitzt viel Sachwissen zu diesem Thema, es bestimmt zu einem großen Teil die von ihm initiierten Gespräche.

Matthes hält sich sehr gerne in der Natur auf, wo er auf langen Märschen im Wald Spannung abbauen kann, vor allem im Umstürzen abgestorbener Bäume. Er hat außerdem ein besonderes Gespür, „gedrehte Stöcke" im Unterholz ausfindig zu machen, auch diese sammelt er. Holz und dessen Bearbeitung findet großes Interesse bei ihm, er hat diesbezüglich genaue Vorstellungen vom Endprodukt und ist dann sehr fixiert auf die Umsetzung.

Weiterhin üben Schächte, Abflussdeckel und dergleichen bereits seit früher Kindheit eine sehr hohe Anziehungskraft auf Matthes aus. Es grenzt an Zwanghaftigkeit, diese näher zu untersuchen und kleine Gegenstände in die Öffnungen zu werfen.

- <u>Schule</u>

Nach dem Besuch eines Heilpädagogischen Kindergartens besuchte Matthes die Astrid-Lindgren-Schule Ilsede, eine Förderschule mit dem Schwerpunkt geistige Entwicklung. Seit der 5. Klasse besucht er die Moreno Schule in Wolfenbüttel. Im Sommer 2011 hat er bereits seinen Förderschulabschluss gemacht. Aufgrund seines ADHS fällt es ihm unter anderem schwer, sich über längere Zeiträume auf spezifische Lernmaterialien konzentrieren zu können. Das Bearbeiten mathematischer Aufgaben fällt ihm dabei deutlich leichter als Lesen und Schreiben. Matthes wird seit vielen Jahren mit Medikamenten behandelt, vor allem, um seine Energien, die sich sonst spontan und unkontrolliert entladen, im Griff zu haben.

Die weitere Beschulung hat insbesondere das Ziel, seine sozialen und emotionalen Kompetenzen zu stärken und ihn auf die berufliche Eingliederung vorzubereiten.

Da er seinen Abschluss bereits erreicht hat, habe ich ihm das Angebot gemacht, ihm Sachwissen zum Thema Hund zu vermitteln mit der Möglichkeit, zum Ende des Schuljahres einen Hundeführerschein zu erwerben. Wir haben einen entsprechenden Arbeitsordner angelegt, der gemessen an Matthes´ intellektuellen Fähigkeiten mit Materialien gefüllt und bearbeitet wird. Zusätzlich werden wir viele praktische Übungen mit dem Hund durchführen, die auch dazu dienen, Matthes´ Sozialkompetenz weiter zu fördern.

- Hunde

Als Matthes 8 Jahre alt war, haben seine Pflegeeltern einen Berner Sennhund in die Familie integriert. Ihr Ziel war es, Matthes einen robusten Partner an die Seite zu stellen, der etwas gelassener mit seinem Verhalten umgeht als der schon im Haushalt lebende Kater. Matthes hatte eine sehr ambivalente Beziehung zu dem Hund. Einerseits war er sein ständiger Begleiter auf Streifzügen durch die Natur, andererseits entwickelte er eine starke Eifersucht auf den Hund. Dieser machte ihm die, seiner Meinung nach ihm zustehende Rolle im Mittelpunkt seiner Pflegemutter streitig, so dass er nicht immer die alleinige Aufmerksamkeit genoss. Die führte zu Wutanfällen und in der Folge zu unangemessenen Verhalten gegenüber dem Hund. Eine emotionale Bindung zum Hund bestand für Matthes nicht, er hat nie den körperlichen Kontakt zu ihm gesucht oder hergestellt.

Nachdem letztes Jahr dieser Hund aufgrund einer Krankheit eingeschläfert werden musste, kam es bei der Begegnung mit dem Hund von Bekannten, einem Golden Retriever zu einer Situation, bei der Matthes so stark von diesem in die Hand gebissen wurde, dass der Mittelhandknochen gespalten wurde und er operiert werden musste.

Verständlicherweise hat Matthes nun sehr großen Respekt bei der Begegnung mit fremden Hunden und ist sehr vorsichtig geworden. Trotzdem ist er sehr an ihnen interessiert und beginnt Gespräche mit den Hundehaltern. Er hatte seine anfängliche Angst bei der Begegnung mit Hunden sehr gut reflektiert und wollte diese auf jeden Fall überwinden.

Er zeigte gleich zu Beginn unserer gemeinsamen Schulvormittage großes Interesse an meinem Hund Lennox und wollte ihn unbedingt kennenlernen. Nachdem ich im Vorfeld einige (auf-)klärende Gespräche mit Matthes hatte, kam es zu einer ersten Begegnung, die sehr positiv verlief. Seitdem haben sich zwei Tage pro Woche als *Hundetage* etabliert, an denen ich Lennox in den Schulvormittag integriere.

Exemplarisch sollen drei Fördereinheiten mit Matthes und Lennox beschrieben werden.

Hierzu sei vorab gesagt, dass ich einen Einsatz des Hundes immer unter dem Gesichtspunkt der Überforderung sowohl auf Matthes' als auch Lennox' Seite betrachte und ihn gegebenenfalls abbreche. Dies war bislang nicht der Fall.

9.3.1   Fördereinheit „Waldspaziergang"

Bei unseren regelmäßigen Streifzügen durch die direkt an die Schule angrenzenden Wälder, ist Lennox in erster Linie unser Begleiter. Matthes ist zwar an Körperkontakt zum Hund nicht interessiert, spricht jedoch viel mit ihm und befragt mich zu bestimmten Verhaltensweisen, die er beim Hund beobachtet. So kommt es während der Ausflüge immer wieder zu einer Wissensvermittlung auf der theoretischen Ebene.

Zu bestimmten Zeiten verspürt Matthes ein starkes Bedürfnis, körperliche Anspannung abzubauen, in dem er spontan und mit großem Kraftaufwand abgestorbene Bäume zum Umstürzen bringt. In diesen Situationen ist er sehr auf sein Tun fixiert und blendet alles um sich herum aus. Da Matthes sich im Wald nicht immer in meiner unmittelbaren Nähe befindet und Lennox oft zwischen uns pendelt, war es bislang meine Aufgabe, wachsam zu sein und den Hund dabei aus der Gefahrenzone herauszuhalten, um ihn vor den fallenden, bis zu sieben Meter hohen Stämmen zu schützen. Da Matthes sich schwer in andere hinein versetzen kann, war ihm sowohl das Bedürfnis des Hundes, in seiner Nähe zu sein als auch die Gefahr für den Hund nicht bewusst.

So habe ich mit Matthes in der Schule diese Situationen besprochen und ihm die Möglichkeit einer Verletzung des Hundes klar gemacht. Er selbst machte dann den Vorschlag, mir im Vorfeld Bescheid zu sagen, so dass ich Lennox an die Leine nehmen kann und er somit sicher ist. Im Anschluss gingen wir in den Wald und es zeigte sich, dass Matthes unser Gespräch gut reflektiert hatte. Er informierte mich umgehend, als er einen entsprechenden Baum entdeckte und mich bat auf Lennox aufzupassen.

Diesen Ablauf hat Matthes mittlerweile so gut verinnerlicht, dass er seitdem bei unseren Waldtouren sehr achtsam ist und auch mehr darauf aufpasst, wo sich der Hund gerade befindet. So ist er nun auch aufmerksamer, wenn wir in die Nähe einer Straße kommen und sieht die potentielle Gefahr, die diese für den Hund bedeuten könnte.

9.3.2   Fördereinheit „Hundefriseur"

Da zur kalten Jahreszeit immer die Möglichkeit des Schneefalls besteht und damit unangenehme und schmerzvolle Gefühle für den Hund beim Laufen einhergehen, wenn sich Eisklumpen an den Haaren zwischen seinen Ballen bilden, steht immer ein Besuch beim Hundefriseur an, um diese Haare entfernen zu lassen.

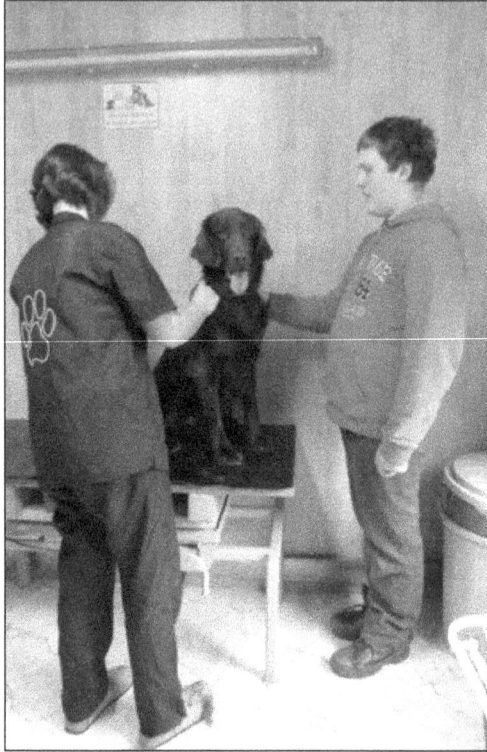

Da dieser Besuch für den Hund immer mit Stress verbunden ist, benötigt er Sicherheit durch meine Anwesenheit, viel beruhigende Zusprache und eine Tasche voller Leckerlis. Wohl wissend, dass Matthes kaum Empathie zeigt und unangenehmen Situationen, in denen andere (z.B. Mitschüler) Stress haben, lieber aus dem Weg geht, war es mein Ziel, Matthes in den Ablauf beim Hundefriseur mit einzubeziehen, um ihm zu ermöglichen, eine Hilfe für den Hund zu sein. Vorab habe ich ihn gefragt, ob er sich das vorstellen könne. Er wollte unbedingt mit. Also haben wir gemeinsam überlegt, wie wir damit umgehen, wenn es ihm selbst während der Prozedur zuviel wird, da der Hund nicht alleine gelassen werden sollte. Da Matthes schon sehr selbstständig ist, war unsere Absprache, dass er gegebenenfalls den Raum verlässt und draußen wartet.

Beim Hundefriseur angekommen, wurde Matthes gleich befragt, ob er denn die Unterstützung sei, um den Hund zu beruhigen. Er bejahte und ließ sich eine Schürze umbinden. Lennox wurde auf den Tisch gehoben und die Behandlung begann an den Hinterläufen. Matthes stellte sich unaufgefordert vor den Hund und fing an, mit leiser Stimme auf ihn einzusprechen („Lennox, bleib ganz ruhig", „alles ist gut", „du musst keine Angst haben", „ich bin ja da" usw.). Gleichzeitig berührte er ihn immer wieder an Schulter und Hals und streichelte ihn. Dies gelang ihm ca. 15 Minuten.

Dann bemerkte ich eine gewisse Unruhe bei Matthes und er bestätigte, dass es ihm jetzt reicht. Er ging hinaus, beobachtete aber den Rest der Prozedur durch ein großes Fenster.

Da ich im Vorfeld nicht allzu große Erwartungen hatte, war ich positiv überrascht von Matthes´ Eigeninitiative und seinem Durchhaltevermögen. Vor allem aber erstaunte mich sein Mitgefühl dem Hund gegenüber und die Tatsache, dass er in dieser Situation zum ersten Mal körperlichen Kontakt zu ihm aufnahm.

Im späteren Tagesablauf hat er den Ablauf immer wieder thematisiert und gefragt, ob er wirklich eine Hilfe für Lennox gewesen sei. Dies konnte ich ihm wahrheitsgemäß und guten Gewissens bestätigen.

9.3.3 Fördereinheit „Buchstabenspur"

Lesen und Schreiben bereitet Matthes große Schwierigkeiten, seine Leistungen in diesem Bereich bewegen sich auf unterem Grundschulniveau. In beiden Bereichen fiel mir auf, dass er Probleme in der Buchstabenerkennung hat. Unter anderem zeigte sich, dass er nicht zwischen *b* und *d* differenzieren kann und dann auch die Sinnerfassung des Gesamtwortes nicht gelingt. Da Matthes zusätzlich das Problem hat, links und rechts voneinander zu unterscheiden, war meine Überlegung, den Hund in ein entsprechendes Training mit einzubeziehen.

Da Matthes keine Probleme mit der Erkennung des Buchstabens *c* hat, sollte er zunächst anhand der Vorlage des Buchstabens auf einem DIN-A-4-Blatt den Buchstaben mit blauer Straßenmalkreide in größerem Maßstab auf den Asphalt vor der Schule übertragen. Vorher wurde der Ausgangspunkt oben rechts markiert. Anschließend sollte er, auch von diesem Punkt ausgehend im Abstand von ca. 20 cm eine Leckerlispur auf dem Buchstaben legen. Lennox hatte während dieser Zeit die Aufgabe, in einem Abstand von ca. 1m vor dem Ausgangspunkt zu liegen (die Anregung zu dieser Übung fand ich in „Einfach schnüffeln"[78]).

Nach dieser Vorbereitung nahm Matthes eine erhöhte Beobachterposition auf einem Spielgerüst ein und gab Lennox den Befehl *Such*. Matthes´ Aufgabe war es nun, zu verfolgen, ob der

Hund den Buchstaben in Schreibrichtung abläuft. Nach erfolgreichem Durchlauf bekam Matthes den Auftrag, aus dem *c* ein *d* zu machen.

Nun galt es heraus zu finden, welches für diesen Buchstaben der geeignete Ausgangs- bzw. Startpunkt für den Hund sei. Wir entschieden uns gemeinsam für das obere Ende des langen Striches, wobei ein entsprechender Abstand der Leckerlis vom Strich zum vorherigen Ausgangspunkt des *c*'s wichtig war, damit der Hund das *d* in einem Zug ablaufen kann.

Auch hier konnte Matthes von seinem Beobachtungsposten eine Erfolgsmeldung geben.

Seit dieser Übung fällt es Matthes deutlich leichter, das *d* zu entschlüsseln und es vom *b* abzugrenzen, da er sich mit Hilfe des Buchstabens *c* eine Verknüpfung herstellt. Außerdem hat er den

Buchstaben auf dem Asphalt vor Augen, denn seine Eselsbrücke sind „die Bilder in meinem Kopf".

10. Reflexion

Die Welt, in der wir heute leben, ist gekennzeichnet von Hektik, Stress und hohem Leistungsdruck. Gefordert werden hohe Einsatzbereitschaft, ständige Flexibilität und ein hoher Grad an Dynamik. Auch von Kindern wird ein zunehmend hoher kognitiver Einsatz gefordert, der schulische Leistungsdruck setzt immer früher ein.

Für Kinder und auch Erwachsene mit einer ASS birgt diese schnelllebige Zeit ungleich mehr Chaos und Verwirrung. Soziale Interaktion und Kommunikation als Grundlage für zwischenmenschliche Beziehungen und somit das Zurechtfinden in der Gesellschaft, erfordert von einem Kind mit Autismus einen hohen Kraftaufwand.

Regeln im sozialen Umgang müssen wie eine Fremdsprache erlernt werden.

Um diese Kinder erfolgreich in der Schule und in die Gesellschaft integrieren zu können, brauchen sie verlässliche Hilfen, die ihnen die Welt erklären und Abläufe verständlich machen. Hier kann ein Hund zum Sozialpartner werden und damit zum Anker, der durch Krisensituationen hilft und Ruhe und Kraft spendet. Im Zusammensein mit einem Hund erfährt das Kind Verlässlichkeit, Direktheit und loyale Gefühle. Lässt ein Kind sich auf einen Hund (oder auch ein anderes Tier) ein, kann er aber auch eine Brücke schlagen und den Weg in die soziale Welt ermöglichen bzw. erleichtern.

Bezug nehmend auf die Ähnlichkeiten in der Gefühlswelt von Menschen mit Autismus und Hunden (Kapitel 7.3), lässt sich sagen, dass es eben diesen Menschen besonders gut gelingt, die Perspektive von Hunden einzunehmen und es ihnen hier eher glückt, Mitgefühl zu empfinden bzw. Verhalten zu deuten. Gerade betroffene Kinder zeigen im Umgang mit einem Hund sozial motivierte Handlungsweisen, die sie anderen Kindern gegenüber nicht zeigen. Genau hier liegt die große Chance: Das Kind kann lernen, sein eigenes Verhalten einzuschätzen und sich selbst besser zu reflektieren.

Auch dem Hund fällt es aufgrund seiner vielen Qualitäten, vor allem aber seiner empfindlichen multisensorischen Wahrnehmung leicht, ein Kind und dessen Verhalten einzuschätzen.

Zusammenfassend ist die hundgestützte Therapie eine viel versprechende Maßnahme, die bei Kindern mit Autismus in Betracht gezogen werden sollte. Durch die Veränderungsprozesse (z.B. Selbstreflexion), die durch einen Hund hervorgerufen werden, werden positive Wirkungen sichtbar und die Lebensqualität wird verbessert. Bedacht werden muss dabei immer die Dreiecksbeziehung zwischen Therapeut / Pädagoge, Hund und Klient.

Obwohl ich Matthes erst seit Dezember 2011 in der Schule begleite, ist der Einsatz meines Hundes schon zu einem festen Bestandteil in unserem Vormittagsgeschehen geworden. Aufgrund einer guten Selbstreflexion und einem starken Willen, ist es Matthes im Zusammensein mit Lennox relativ schnell gelungen, seine Angst vor Hunden zu überwinden. Auf unseren langen Wanderungen findet in Gesprächen eine ständige Vermittlung von Sachwissen zum Thema Hund statt. Dadurch gelingt es Matthes immer besser, durch genauere Beobachtung der Körpersprache des Hundes, sein Verhalten zu deuten und entsprechend zu handeln. Sind ihm bestimmte Verhaltensweisen des Hundes unklar, fragt er nach. Auch achtet er mittlerweile gut auf ihn und zeigt bereits deutliche Fortschritte im Bereich der Empathie.

Begegnen wir anderen Menschen, ob mit oder ohne Hund, knüpft Matthes oft Gespräche an und möchte demonstrieren, dass Lennox auf Befehle von ihm hört. Jedoch muss er noch lernen, dass der Hund auch für andere Schüler interessant ist und von diesen gestreichelt wird.

In solchen Situationen ist Eifersucht das vorherrschende Gefühl bei Matthes, er versucht dann relativ schnell, sich wieder in den Mittelpunkt des Geschehens zu bringen.

11. Ausblick

Ziel der weiteren Förderung ist es, dass Matthes durch die hundgestützte Therapie das bisher Gelernte vertieft und auch in Bezug auf Empathie und Theory of Mind in soziale Bereiche ohne den Hund übertragen kann. Es gelingt ihm schon gut, seinen eigenen Gefühlzustand mitzuteilen, vermehrt kann er auch das Verhalten von Lennox einschätzen und thematisieren. Ein weiteres Förderziel für Matthes besteht im adäquaten Umgang mit Frustration.

Situationen, die nicht so ablaufen, wie er sie sich vorgestellt hat, sind mit besonders hohem Frustpegel besetzt, zum Beispiel wenn er nicht die von ihm gewünschte unmittelbare Aufmerksamkeit einer bestimmten Person bekommt. Hier soll er lernen, geduldig abwarten zu können. Da auch der Hund nicht immer tun kann, was er möchte und oft nicht die Aufmerksamkeit bekommt, die er gerne hätte, muss er sich an bestimmte Regeln halten. Er soll Matthes als Vorbild dienen.

Trotzdem Matthes im Sommer 2012 die Schule verlassen wird und damit auch seine schulische Begleitung durch mich endet, bin ich sicher, unter dem Einsatz meines Hundes noch eine positive Entwicklung im Bereich der Sozialkompetenz bei ihm zu erreichen. In nur drei Monaten waren Fortschritte sichtbar, die es nun gilt auszubauen und zu vertiefen.

Eine weitere Perspektive für mein berufliches Arbeitsfeld unter Einbeziehung meines Hundes sehe ich in der therapeutischen Begleitung von Kindern und Jugendlichen in der Autismusambulanz. Dort waren Lennox und ich bereits im Rahmen meiner Förderplanung im Einsatz. Da es schon Anfragen von Eltern bezüglich hundgestützter Therapie gab, wurde eine Kostenübernahme beim Jugendamt beantragt. Diese wurde abgelehnt aufgrund angeblich fehlender Erfolgsaussichten. Ich bin weiterhin mit der Autismusambulanz im Gespräch, da von Seiten der Leitung ein großes Interesse besteht, den Hund therapeutisch einzubinden. Zusätzlich werde ich in Anlehnung an diese Arbeit ein Konzept zur hundgestützten Therapie bei Kindern und Jugendlichen mit Autismus erstellen, was im Fall einer erneuten Antragstellung dem Kostenträger vorgelegt werden kann.

Außerdem werde ich die Arbeitsgemeinschaft - Hundeführerschein für Kinder-, die ich zurzeit an der Grundschule Stöckheim und deren Außenstelle in Leiferde durchführe, weiter anbieten. Auch andere Schulen haben Interesse an dieser Arbeitsgemeinschaft bekundet, dort ist die Durchführung bisher jedoch an der Finanzierung gescheitert.

Literaturverzeichnis

ATTWOOD, Tony: Ein ganzes Leben mit dem Asperger-Syndrom, Stuttgart: Trias Verlag 2007

BEETZ, Andrea: Bindung als Basis sozialer und emotionaler Kompetenzen. In: OLBRICH, Prof. Dr. Erhard und OTTERSTEDT, Dr. Carola (Hrsg.): Menschen brauchen Tiere, Stuttgart: Franckh-Kosmos-Verlag 2003

BRANSCH, Simon und SCHWARTZ, Katja: Therapiehund im Klassenzimmer. Die Wirksamkeit Hundgestützter Pädagogik bei Kinder mit ADHS, Norderstedt: Grin Verlag 2010

GARDNER, Nuala: Ein Freund namens Henry – Die ungewöhnliche Freundschaft zwischen meinem autistischen Sohn und seinem Hund, Bergisch Gladbach: Lübbe 2008

GILLBERG, C., GILLBERG, I.C., RASTAM, W., und WENTZ, E.: The Asperger-Syndrome (and high-functioning autism) Diagnostic Interview (ASDI): a preliminary study of a new structured clinical interview. In: Autism 5/2001

GRANDIN, Temple und JOHNSON, Catherine: Ich sehe die Welt wie ein frohes Tier, München: Ullstein Verlag 2005

GRANDIN, Temple: Animals in Translation, New York: Harvest/Harcourt 2005

GREIFFENHAGEN, Sylvia, BUCK-WERNER, Oliver N.: Tiere als Therapie, Mürlenbach: Kynos Verlag 2007

HINZ, Michaela: Verhaltenstherapeutische orientierte Förderprogramme und ihr Beitrag zur Unterstützung der Kommunikationsfähigkeit von Kindern mit Autismus, Aachen: Shaker Verlag 2007

HOLLOWAY, Monica: Cowboy and Wills – A remarkable Little Boy and the Puppy that Changed His Life, New York: Simon & Schuster 2009

KOTRSCHAL, Kurt: Hunde als Therapeuten – Der beste Freund des Menschen. In: Gehirn & Geist, 12/2011

LIESENBERG-KÜHN, Jacqueline: Hundgestützte Förderpädagogik bei Asperger-Syndrom: Evaluation einer Einzelförderung, Saarbrücken: VDM Verlag 2010

OLBRICH, Prof. Dr. Erhard und OTTERSTEDT, Dr. Carola (Hrsg.): Menschen brauchen Tiere, Stuttgart: Franckh-Kosmos-Verlag 2003

OLBRICH, Erhard: Kommunikation zwischen Mensch und Tier. In: OLBRICH u. OTTERSTEDT 2003

OLBRICH, Erhard: Biophilie: Die archaischen Wurzeln der Mensch-Tier-Beziehung. In: OLBRICH u. OTTERSTEDT 2003

OTTERSTEDT, Carola: Der heilende Prozess in der Interaktion zwischen Mensch und Tier. In: OLBRICH u. OTTERSTEDT 2003

OTTERSTEDT Carola: Kultur- und religionsphilosophische Gedanken zur Mensch-Tier-Beziehung. In: OLBRICH u. OTTERSTEDT 2003

PROTHMANN, Anke: Tiergestützte Kinderpsychotherapie. Theorie und Praxis der tiergestützten Psychotherapie bei Kindern und Jugendlichen. Frankfurt am Main: Internationaler Verlag der Wissenschaften 2008

SCHIRMER, Dr. Brita: Elternleitfaden Autismus, Stuttgart: Trias Verlag 2006

SCHUSTER, Nicole: Schüler mit Autismus-Spektrum-Störungen, Stuttgart: Kohlhammer Verlag 2011

STEIN, Garth: Enzo, Die Kunst ein Mensch zu sein, München: Knaur Verlag 2010

STEINHAUSEN, Hans-Christoph: Psychische Störungen bei Kindern und Jugendlichen, München: Urban & Fischer Verlag 2006

STEINDAL, Kari: Das Asperger-Syndrom, Oslo 1994, 9. Auflage 2008, Hrsg. Autismus Deutschland e.V.

VERMEULEN, Peter: Das ist der Titel - Über autistisches Denken, Gent: Bosch & Suykerbuyk 2009

VERNOOIJ, Monika A., SCHNEIDER, Silke: Handbuch der Tiergestützten Interventionen, Wiebelsheim: Quelle & Meyer Verlag 2010

WILCZEK, Brit: Schulbegleitung für Schülerinnen und Schüler mit Asperger-Syndrom, Hamburg 2007, Hrsg. Autismus Deutschland e.V.

WILSON, Edward O.: Biophilia: The Human Bond with Other Species, Cambridge: Harvard University Press 1984

WOHLFAHRT, Rainer u. WIDDER, Helga: Zur Diskussion: Tiergestützte Therapie – eine Definition, in: Tiergestützte Nr. 4, Institut für soziales Lernen mit Tieren, Lindwedel: Schröder Druck 2011

Sekundärliteratur

AARONS, Maureen und GITTENS, Tessa: Autismus kompensieren, Weinheim und Basel: Beltz Verlag 2005

BREALY, Jackie und DAVIES, Beverly: So helfen Sie Ihrem autistischen Kind – Praktische Tipps für ein besseres Familienleben, Bern: Verlag Hans Huber 2009

DÖPFNER, Manfred, FRÖLICH, Jan, WOLFF METTERNICH, Tanja: Ratgeber ADHS, Göttingen: Hogrefe Verlag 2007

JANERT, Sibylle: Autistischen Kindern Brücken bauen, München: Ernst Reinhardt Verlag 2003

WEBER, Erika und BÜLOW, Iris (Hrsg.): Mit Autismus muss gerechnet werden!, Norderstedt: Books on Demand 2009

MATTHEWS, Joan und WILLIAMS, James: Ich bin besonders! Autismus und Asperger, Stuttgart: Georg Thieme Verlag 2001

Internetquellen

http://www.braunschweig.de/leben/freizeit_sport/jugendangebote/einrichtungen_freie/abenteuerspielplatz_melverode.html

http://www.esaat.org/definition-tiergestuetzter-therapie/

http://www.icd-code.de/icd/code

http://www.lebenshilfe-braunschweig.de

http://www.mansfeld-loebbecke.de/index-start.html

http://www.northstardogs.com

http://www.thmev.de/

http://www.tiergestuetzte.org/

http://www.tiergestuetzte-therapie.de/pages/texte/wissenschaft/uebersicht_wiss.htm

http://www.uni-marburg.de/fb20/kjp/forschung/aut/ass,

http://www.wartbergschule-oha.de/

http://de.wikipedia.org/wiki/Autismus#High-Functioning-Autismus

Anhang

[1] vgl. OTTERSTEDT, Carola: Kultur- und religionsphilosophische Gedanken zur Mensch-Tier-Beziehung.
In: OLBRICH, Prof. Dr. Erhard und OTTERSTEDT, Dr. Carola (Hrsg.): Menschen brauchen Tiere, Stuttgart: Franckh-Kosmos-Verlag 2003, S.15

[2] vgl. ebd. S.25

[3] vgl. ebd. S.41

[4] WILSON, Edward O.: Biophilia: The Human Bond with Other Species, Cambridge: Harvard University Press 1984

[5] vgl. OLBRICH, Erhard: Biophilie: Die archaischen Wurzeln der Mensch-Tier-Beziehung. In: OLBRICH und OTTERSTEDT 2003, S.68ff.

[6] GREIFFENHAGEN, Sylvia, BUCK-WERNER, Oliver N.: Tiere als Therapie, Mürlenbach: Kynos Verlag 2007, S.42

[7] BEETZ, Andrea: Bindung als Basis sozialer und emotionaler Kompetenzen. In: ebd. S.76ff.

[8] vgl. http://www.tiergestuetzte.org/, Stand 03.03.2012

[9] vgl. VERNOOIJ, Monika A., SCHNEIDER, Silke: Handbuch der Tiergestützten Interventionen, Wiebelsheim: Quelle & Meyer Verlag 2010, S.34

[10] http://www.thmev.de/, Stand 03.03.2012

[11] http://www.wartbergschule-oha.de/, Stand 08.03.2012

[12] http://www.braunschweig.de/leben/freizeit_sport/jugendangebote/einrichtungen_freie/abenteuerspielplatz_melverode.html, Stand 08.03.2012

[13] vgl. LIESENBERG-KÜHN, Jacqueline: Hundgestützte Förderpädagogik bei Asperger-Syndrom – Evaluation einer Einzelförderung, Saarbrücken: VDM Verlag 2010, S.28

[14] VERNOOIJ und SCHNEIDER 2010, S.37

[15] vgl. ebd. S. 43f.

[16] http://www.esaat.org/definition-tiergestuetzter-therapie/, Stand 08.03.2012

[17] WOHLFAHRT, Rainer u. WIDDER, Helga: Zur Diskussion: Tiergestützte Therapie – eine Definition.
In: Tiergestützte Nr. 4, Institut für soziales Lernen mit Tieren, Lindwedel: Schröder Druck 2011, S.31

[18] ebd. S.31f.

[19] vgl. VERNOOIJ und SCHNEIDER 2010, S.186

[20] vgl. LIESENBERG-KÜHN 2010, S.31f.

[21] OTTERSTEDT, Carola: Der heilende Prozess in der Interaktion zwischen Mensch und Tier. In: OLBRICH u. OTTERSTEDT 2003, S.68ff.

[22] KOTRSCHAL, Kurt: Hunde als Therapeuten – Der beste Freund des Menschen. In: Gehirn & Geist, 12/2011

[23] vgl. PROTHMANN, Anke: Tiergestützte Kinderpsychotherapie. Theorie und Praxis der tiergestützten Psychotherapie bei Kindern und Jugendlichen.

Frankfurt am Main: Internationaler Verlag der Wissenschaften 2008, S.54

[24] vgl. ebd. S.87

[25] vgl. LIESENBERG-KÜHN 2010, S.40

[26] vgl. BRANSCH, Simon und SCHWARTZ, Katja: Therapiehund im Klassenzimmer. Die Wirksamkeit Hundgestützter Pädagogik bei Kinder mit ADHS, Norderstedt: Grin Verlag 2010, S.38ff.

[27] vgl. ebd. S.42f.

[28] HAPPÉ 1994, S.94 zitiert nach: HINZ, Michaela: Verhaltenstherapeutische orientierte Förderprogramme und ihr Beitrag zur Unterstützung der Kommunikationsfähigkeit von Kindern mit Autismus, Aachen: Shaker Verlag 2007, S.1

[29] http://www.icd-code.de/icd/code/F84.-.html, Stand 01.02.2012

[30] vgl. STEINHAUSEN, Hans-Christoph: Psychische Störungen bei Kindern und Jugendlichen, München:
Urban & Fischer Verlag 2006, S.76

[31] vgl. VERMEULEN, Peter: Das ist der Titel - Über autistisches Denken, Gent: Bosch & Suykerbuyk 2009, S.9

[32] vgl. STEINHAUSEN 2006, S.78

[33] vgl. ebd. S.78

[34] vgl. ebd. S.77

[35] vgl. http://de.wikipedia.org/wiki/Autismus#High-Functioning-Autismus; Stand 30.01.2012

[36] ATTWOOD, Tony: Ein ganzes Leben mit dem Asperger-Syndrom, Stuttgart: Trias Verlag 2007, S.57

[37] vgl. SCHIRMER, Dr. Brita: Elternleitfaden Autismus, Stuttgart: Trias Verlag 2006, S.28

[38] STEINHAUSEN 2006, S.84

[39] URL http://www.icd-code.de/icd/code/F84.-.html, Stand, 30.01.2012

[40] Vgl. ATTWOOD 2007, S.19f.

[41] GILLBERG, C., GILLBERG, I.C., RASTAM, W., und WENTZ, E.: The Asperger-Syndrome (and high-functioning autism) Diagnostic Interview (ASDI): a preliminary study of a new structured clinical interview:
In: Autism 5, 2001, S.57-66

[42] vgl. STEINHAUSEN 2006, S. 85

[43] vgl. ATTWOOD 2007, S.322ff.

[44] vgl. ebd. S.219ff.

[45] vgl. ebd. S.142ff.

[46] vgl. ebd. S.291ff.

[47] vgl. STEINDAL, Kari: Das Asperger-Syndrom, Oslo 1994, 9. Auflage 2008, Hrsg. Autismus
Deutschland e.V., S.11

[48] http://www.uni-marburg.de/fb20/kjp/forschung/aut/ass, Stand 30.01.2012

[49] vgl. SCHIRMER 2006, S.184

[50] SCHUSTER, Nicole: Schüler mit Autismus-Spektrum-Störungen, Stuttgart: Kohlhammer Verlag 2011, S.9

[51] WILCZEK, Brit: Schulbegleitung für Schülerinnen und Schüler mit Asperger-Syndrom, Hamburg 2007, Hrsg. Autismus Deutschland e.V., S.6

[52] vgl. ebd. S.7-17 (Zusammenfassung in Tabellenform)

[53] GARDNER, Nuala: Ein Freund namens Henry – Die ungewöhnliche Freundschaft zwischen meinem autistischen Sohn und seinem Hund, Bergisch Gladbach: Lübbe 2008

[54] HOLLOWAY, Monica: Cowboy and Wills – A remarkable Little Boy an the Puppy that Changed His Life, New York: Simon&Schuster 2009

[55] GREIFFENHAGEN und BUCK-WERNER 2007, S.80

[56] GRANDIN, Temple, JOHNSON, Catherine: Ich sehe die Welt wie ein frohes Tier, München: Ullstein Verlag 2005, S.13

[57] GRANDIN, Temple: Animals in Translation – Using the mysteries of autism to decode animal behavior, New York: Harvest/Harcourt 2005, S.6f.

[58] vgl. ebd. S.67

[59] STEIN, Garth: Enzo, Die Kunst ein Mensch zu sein, München: Knaur Verlag 2010, S.297

[60] GARDNER, Nuala: Ein Freund namens Henry, Bergisch Gladbach: Lübbe 2008, S.310

[61] ebd. S.311f.

[62] vgl. OLBRICH, Erhard: Kommunikation zwischen Mensch und Tier. In: OLBRICH und OTTERSTEDT 2003, S.85

[63] vgl. GROSS, Patty Dobbs: The Golden Bridge. A Guide to Assistance Dogs for Children Challenged by Autism or Other Developmental Disabilities, West Lafayette:Purdue University Press 2006, S.60

[64] ebd. S.62

[65] ATTWOOD 2007, S.230

[66] GRANDIN 2005, S.88

[67] vgl. ATTWOOD 2007., S.121

[68] TSCHOCHNER, Birgit: Tiere in der Autismustherapie. In: http://www.tiergestuetzte-therapie.de/pages/texte/wissenschaft/uebersicht_wiss.htm, Stand 14.02.2010

[69] SCHMIDT, Stefanie: Hundegestützte Therapie in der Arbeit mit autistischen Kindern, Norderstedt: GRIN Verlag 2010

[70] LIESENBERG-KÜHN, Jacqueline: Hundgestützte Förderpädagogik bei Asperger-Syndrom: Evaluation einer Einzelförderung, Saarbrücken: VDM Verlag 2010

[71] GROSS, Patty Dobbs: The Golden Bridge. A Guide to Assistance Dogs for Children Challenged by Autism or Other Developmental Disabilities, West Lafayette: Purdue University Press 2006, S.13

[72] vgl. ebd. S.9ff.

[73] http://www.northstardogs.com/, Stand 15.02.2012

[74] http://www.autiedogs.de/, Stand 15.02.2012

[75] vgl. http://www.lebenshilfe-braunschweig.de/index.php?id=38, Stand 11.03.2012

[76] vgl. http://www.lebenshilfe-braunschweig.de/index.php?id=225, Stand

11.03.2012

[77] vgl. http://www.mansfeld-loebbecke.de/index-start.html, Stand 11.03.2012
[78] SONDERMANN, Christina: Einfach schnüffeln! Nasenspiele für den Hundealltag, Stuttgart: Ulmer Verlag 2011

Weitere Bücher über Autismus

Temple Grandin: *Durch die Gläserne Tür.*
Lebensbericht einer Autistin

Temple Grandin hat als erste Autistin ihren Weg und ihren Umgang mit der Diagnose Autismus beschrieben, sie ist die bekannteste Autistin weltweit. 2010 wurde sie vom Time Magazin zu einer der wichtigsten Persönlichkeiten der Welt in der Kategorie „Helden" gekürt.
In dem Buch „Durch die gläserne Tür – Lebensbericht einer Autistin" beschreibt sie *ihren* Autismus, ihre Art des Umgangs damit und ihre Lebensgeschichte.
Das Buch beschreibt ihre Kindheit in den USA in den 1950er Jahren, in denen es noch keine speziellen Angebote für Autisten gab. Die Ablehnung der anderen Schüler, die Versuche der Lehrer, sie zu unterrichten und zu interessieren und ihr eigenes Gefühl, völlig anders zu sein, als die anderen Menschen auf dieser Welt.
Ihre Mutter blieb hartnäckig, suchte immer wieder nach passenden Fördermöglichkeiten für die junge Temple. Bis sie selbst auf die Idee der „Quetschmaschine" kam. Langsam lernte sie, sich an die „normale" Welt zu gewöhnen, aber sie lernte auch ihr Qualitäten kennen und nutzen. Sie hatte besondere Fähigkeiten, das „sehen in Bildern", was ihr eine beispiellose wissenschaftliche und wirtschaftliche Karriere ermöglichte.
Dieses Buch ist persönlich, wissenschaftlich, geschichtlich und atemberaubend spannend.
Mittlerweile ist Temple Grandin Dozentin der Tierwissenschaften. Mehr als die Hälfte der kommerziellen Tierhaltungsanlagen

Nordamerikas beruhen auf ihren Entwürfen.

Als **eBook** 8,99 €. Gedruckt: Vergriffen.

***

Temple Grandin: *Ich bin die Anthropologin auf dem Mars. Mein Leben als Autistin*

Als »Anthropologin auf dem Mars« bezeichnete sich die Autistin Temple Grandin in einem Gespräch mit Oliver Sacks - und wurde so zum Titel seines weltbekannten Buches. Hier beschreibt sie mit einer außergewöhnlich eindringlichen Sprache ihr Leben, das geprägt ist von der schmerzhaften Isolation durch ihr Anderssein. Der Leser erhält Zugang zu ihrer Bilderwelt und begreift mit fortschreitender Lektüre, dass Grandin den Autismus nicht beenden will, selbst wenn sie es könnte, da er »ein Teil dessen ist, was ich bin«.

»Es ist ein zutiefst bewegendes und faszinierendes Buch, weil es eine Brücke zwischen unserer und Temples Welt schlägt und uns einen Blick in einen ganz andersartigen Geist eröffnet.« (Oliver Sacks).

"Ich bin die Anthropologin auf dem Mars" ist eines der ganz wichtigen Bücher im Autismusbereich (und wurde z. B. 2013 ins Koreanische übersetzt).

Als **eBook** 8,99 €. Gedruckt: Vergriffen.

***

Temple Grandin: *Ich sehe die Welt wie ein frohes Tier.*

Eine Autistin entdeckt die Sprache der Tiere

Sie werden auf jeder Seite des Buches überrascht. Temple Grandin trägt unendlich viele Fakten aus dem Tierreich zusammen und schlägt immer wieder den Bogen zu menschlichem und im besonderes autistischem Verhalten. Faszinierend.

Ihr drittes Buch in deutscher Sprache widmet sich vor allem der Beziehung zwischen Menschen und Tieren. Dabei lernt man kuriose Dinge über Tiere, erfährt neue wissenschaftliche Hintergründe aus der Autismusforschung und die spannenden Erkenntnisse aus der Tierforschung für den Autismusbereich. Themenbereiche, bei denen man Zusammenhänge auf den ersten Blick nicht vermuten würde, werden spannend miteinander verwoben.

Sie kann die Empfindungen von Tieren extrem gut nachvollziehen, dass sie dadurch wesentlich bessere Tierhaltungsanlagen bauen kann. Sie analysiert in ihrem Buch das Verhalten von Tieren, z. B. auch deren Schmerz und Leid, aber auch die unterschiedlichen Gründe für aggressives Verhalten. Ein besonderes Schmankerl ist das Kapitel „Genial Tiere: Unglaubliche Begabungen". Und immer wieder stößt sie uns mit der Nase auf die besonderen Fähigkeiten von Menschen aus dem autistischen Spektrum – man muss sie nur erkennen und fördern.

Das Buch ist gut geschrieben, sehr lehrreich und wartet mit vielen neuen Erkenntnissen auch für den Autismusbereich auf.

Als **eBook** 8,99 €. Gedruckt: Vergriffen.

***

Cathleen Lewis: *Mein Wunderkind. Eine Mutter, ihr autistischer Sohn und die Musik, die alles veränderte.*

Es hört sich alles irgendwie typisch amerikanisch an, aber so ist es geschehen: Ein Model und erfolgreiche Börsenmaklerin bekommt ein Kind. Es ist blind. Wenig später stellt sich heraus: Es ist auch autistisch. Aus der erfolgreichen Geschäftsfrau wird eine Kämpferin für ihr Kind, eine echte Löwin, die sich überall einsetzt, mitarbeitet und engagiert. Der Mann verlässt sie, weitere Rückschläge folgen.

Dann schenkt der geschiedene Mann dem Dreijährigen ein Keyboard. Er kann fast sofort erste Melodien spielen. Es zeigt sich schnell, das Rex ein musikalischer Savant ist, mit unglaublichen Fähigkeiten.

Die Mutter schreibt selbst über ihren Einsatz im Kindergarten, der Vorschule und den weiteren Stationen des Lebens von Rex. Was sie und Rex leisten, ist schwer beeindruckend und spannend zu lesen. Dabei steht nicht der „Savant Rex" sondern das „Kind Rex" im Vordergrund, erst später können seine Fähigkeiten zur gesellschaftlichen Integration genutzt werden. Aber das ist nicht selbstverständlich – sondern nur unter großem Einsatz der Mutter möglich.

Im Vergleich z. B. zu „Lieber Gabriel – die Geschichte meines autistischen Jungen", einem ruhigen Buch das in den Weiten Norwegens spielt, findet man sich hier im lauten Amerika mit seinen zahlreichen Möglichkeiten wider. Der weitere Weg von Rex wird spannend zu beobachten sein – entsprechende Filme und Beiträge findet man auch auf meiner Website.

Ein Buch, das man in einem Rutsch durchliest.

Als **eBook** 4,99 €. Gedruckt: Vergriffen.

***

Liane Holliday Willey: Ich bin Autistin – aber ich zeige es nicht

Die Tochter erhält die Diagnose Asperger und die Mutter erkennt sich - endlich - in dieser Diagnose wieder. Sie beschreibt im Rückblick ihre Lebensgeschichte und reflektiert es nun in Kenntnis der Asperger-Diagnose.

Ernst, lustig und voller Anekdoten. Dabei immer spannend, denn man wartet darauf, wie der nächste Lebensabschnitt bis zur Hochschullehrerin mit drei Kindern verlaufen wird - und welchen Anteil das Asperger-Syndrom dabei hat.

Ein Extrakapitel widmet sie den Ereignissen, als Asperger-Autistin Kinder zu haben.

Sehr offen, in klaren Worten und schnörkellos beschrieben - und dabei doch sehr ins Detail gehend.

Sie beschreibt Gefühle intensiver, als so mancher Mensch ohne Asperger. Sie muss die Gefühle für sich genau beschreiben können, um sie zu verstehen.

"Auch wenn es 38 Jahre lang gedauert hat - ich kann gar nicht deutlich genug sagen, was für eine Erleichterung es war, mich endlich selbst zu finden!"

Ein gelungenes Ende findet das Buch mit zahlreichen Checklisten für alle Lebensbereiche. Hier gibt Liane H. Willey viele wichtige Hinweise, worauf man als Asperger-Autist achten sollte (bei der Ausbildung, der Arbeit, in Beziehungen etc.).

Mit einem sehr persönlichen Vorwort von Tony Attwood

Als **eBook** 8,99 €. Gedruckt: 14,99 €.

***

Stefanie Perl: *Hunde als Chance für Menschen mit Autismus – Hundgestützte Therapie in der Schulbegleitung eines Jugendlichen mit Autismus*

Hundetherapie und Autismus... darauf muss man erst einmal kommen. Stefanie Perl berichtet aus ihrer Arbeit als Schulbegleiterin und erläutert die theoretischen Grundlagen der therapeutischen Arbeit mit einem autistischen Jungen. Was in anderen Ländern schon seit längerem praktiziert wird, wird sicherlich auch in Deutschland umgesetzt werden. Interessantes Buch, gut geschrieben und mit neuen Ideen. Für Menschen, die sich für Autismus, Schulbegleitung oder Tiertherapie interessieren ganz sicher Neuigkeiten.

Als **eBook** 3,80 €. Band 1 der Reihe „Wissenschaftliche Arbeiten zur Autismus-Spektrum-Störung"

***

Halfdan W. Freihow: *Lieber Gabriel – Die Geschichte meines autistischen Jungen*

Das Buch beschreibt sehr gefühlvoll die Beziehung zwischen Vater und Sohn und lässt sich Zeit dabei. Es ist kein „schnelles" Buch. Der Sohn hat Autismus und ADHS, ist 7 Jahre alt. Der Vater beschreibt fast beiläufig die Besonderheiten, die schwierigen Ereignisse: Er beschreibt das alltägliche Leben mit seinem Sohn.
Dabei schreibt er das Buch für seinen Sohn wie einen sehr langen Brief, spricht ihn dabei immer mit „Du" an.
Dramatisch, überraschend, grundsätzlich ehrlich und erschlagend offen: Auch die Schwierigkeiten innerhalb der elterlichen Beziehung und zu den Geschwistern werden nicht ausgespart.
Es zeigt an vielen Stellen die Überforderung der Erwachsenen. Ein großes Familienfest ist dann die Bühne für einen großen Eklat, der vorhersehbar war. Deutlich wird auch die Zukunftsangst des Vaters – wie kann das Leben seines Sohnes weitergehen. Eines Tages wird er als Vater nicht mehr da sein.
Am Ende noch etwas zu den Diagnosen.

Das Buch zeigt die große Liebe des Vaters zu seinem Sohn – auch wenn es manchmal nicht leicht ist. Einfach schön zu lesen. Ich empfand die Lektüre des Buches geradezu als „runterkommen" aus der Hektik des Alltages. Man kann sich gut die norwegische Landschaft und den Lebensstil dazu vorstellen.

Als **eBook** 4,99 €. Gedruckt: Vergriffen.

***

Dawn Prince-Hughes, Dawn: *Heute singe ich mein Leben – Eine Autistin begreift sich und ihre Welt*

Obdachlos, Stripperin, Gorillas – dann Dr. der Anthropologie: Die Lebensgeschichte von Dawn Price-Hughes, bei der mit 36 Jahren das Asperger-Syndrom diagnostiziert wird.

Sie beschreibt ihre Kindheit und das sie die Schule aufgrund von extremem Mobbing abgebrochen hat. Wenig später ist sie mit 16 Jahren auf der Straße und obdachlos. Jahrelang zieht sie durch die USA, ohne jedes Ziel und Perspektive.

Sie hat alle Tiefen der Gesellschaft durchlebt, hat in Strippclubs in Tierfellen getanzt – ohne dies so wahrzunehmen, ihr Ziel war es stattdessen, die „urbane Gesellschaft zu erkunden". Als Gespielin lesbischer Frauen dachte sie immer eine Beziehung aufzubauen, dabei ging es immer nur um eine Nacht.

Dann geht sie in den Zoo, lernt die Gorillas kennen, beginnt zu forschen, verändert ihr Leben, beginnt ein Studium – eine unglaubliche Geschichte. Die Formen menschlichen Zusammenlebens erlernt sie durch die Beobachtung der Gorillas, erforscht sich selbst durch ihre Forschungen. Die Beobachtungen an den Gorillas nimmt sie sehr detailgetreu auf, das verschafft ihr schließlich eine Hochschulanstellung.

Im letzten Teil des Buches stellt sie ihre Familienmitglieder mit den jeweiligen Ticks und Auffälligkeiten vor: Sicherlich eine seltene Ansammlung! Sie erläutert die Notwendigkeit, diagnostiziert zu werden und den Weg dorthin. Dazu gehört die (Familien-)Planung innerhalb ihrer lesbischen Beziehung und ihre Unterstützung bei der Asperger-Diagnose eines Cousins.

In diesem Buch liest man über das chaotische Leben einer Asperger-Autistin, die immer auf der Suche nach sich selbst ist - und manchmal nicht einmal mehr das - und die glückliche Wendung. Und man lernt viel über das menschliche Verhalten von Gorillas.

Ein rundum spannendes Buch, das zu Recht oben in den Verkaufscharts zu finden ist.

Als **eBook** 4,99 €. Gedruckt: Vergriffen.

***

Katrin Moser: *Autismus-Spektrum-Störungen im kirchlichen Umfeld*

Katrin Moser legt eine bisher einmalige Arbeit über die Autismus-Spektrum-Störungen im kirchlichen Umfeld vor. Dabei geht sie auf Menschen mit Behinderung im kirchlichen Kontext ein, erläutert die Ideen der Inklusion in diesem Rahmen und beschreibt vor allem, auf welche Besonderheiten die Mitarbeiter im kirchlichen Zusammenhang achten sollten, wenn sie mit Menschen aus dem autistischen Spektrum arbeiten. In Auseinandersetzung mit christlichen Riten und Gebräuchen reflektiert sie die Bedürfnisse besonderer Menschen. Spannend und neu in der intensiven Auseinandersetzung mit diesem Thema.

Als **eBook** 5,99 €. Band 2 der Reihe „Wissenschaftliche Arbeiten zur Autismus-Spektrum-Störung"

***

Franz Uebelacker: *Ich lasse mich durch wilde Fantasien tragen. Ein Leben mit Gestützter Kommunikation (FC)*

Franz ist Autist, schwer körperbehindert und kann nicht sprechen - in diesem Buch, herausgegeben von seinem Vater, erzählt er seine Lebensgeschichte. Als Achtjähriger begann er, mit Hilfe der „Gestützten Kommunikation" sich auf einer Schreibmaschine zu äußern. Über einen Zeitraum von mehr als 30 Jahren entstand auf diese Weise eine Autobiografie: voller Emotionalität, gepaart mit Witz und, später, einem ausgeprägten Sinn für Erotik. Je mehr Franz sich über seine lebensbestimmende Behinderung klar wurde, desto leidenschaftlicher setzte er sich mit Fragen nach dem "Warum?" auseinander, nach dem Sinn des Lebens. Im Anhang werden Fragen zu Methode, Anwendung und Rechtsfragen der Gestützten Kommunikation (FC) behandelt.

Als **eBook** 2,70 €. Gedruckt: 8,99 €.

***

Gisa Anders: *Eine Fantasie guckt aus dem Fenster. Vom frühkindlichen Autismus zum selbstbestimmten Leben*

In der normalen Entwicklungsliteratur findet man viele positive Ansätze und Anregungen. In der Behindertenliteratur gibt es zwar Bestätigung, aber man wird als Eltern verängstigt und entmutigt. Wenn bei normalen Menschen die Phase der größtmöglichen Lernfähigkeit beginnt, sind die meisten autistischen Menschen schon nicht mehr erreichbar. Ich werde oft gefragt: „Was macht Dirk?" Ich sage dann voll Stolz: „Er ist jedes Wochenende in der Disco oder bei Freunden, ansonsten bereitet er sich intensiv auf seine Gesellenprüfung vor." Auf meine Frage: „Hätten Sie das je für möglich gehalten?" folgt ein spontanes, klares „Nein". Dirk war nicht in der Lage, sich selbst eine Grundlage zu schaffen. Daher stand seine Entwicklung in der Zeit der wichtigsten Lernphase fast still. Dirk brauchte Hilfe, die hat er bekommen. Dirk brauchte Mut, den habe ich ihm gemacht. Auch ich brauchte Mut, den habe ich mir nicht nehmen lassen. Viele Menschen haben sich immer wieder bemüht, mich zu entmutigen, sie haben mein Engagement belächelt. Ich habe mich nicht von Behindertenliteratur verängstigen lassen, sondern habe die festgestellten Entwicklungsmöglichkeiten als Chance gesehen. Dieses Buch ist das Zeugnis eines Kampfes gegen Vorurteile und Klischees – ein hartes Stück Arbeit, es hat sich gelohnt.

Als **eBook** 4,49 €. Gedruckt: Vergriffen.

***

Julia Annette von Freeden: *Empathie und Prosozialität bei Kindern und Jugendlichen mit einem autistischen Geschwisterkind*

Sind Geschwisterkinder von Autisten sozialer als andere Geschwisterkinder? Eine interessante These, die durch von

Freeden untersucht wird. Eine empirische Arbeit, die aktuelle Veröffentlichungen zum Thema auswertet und eine eigene Untersuchung durchführt.

An der Untersuchung durch von Freeden, Bachelor of Science der Psycholgie, nahmen 103 Personen teil. Die Experimentalgruppe bestand aus 60 Kindern und Jugendlichen, die ein autistisches Geschwisterkind haben.

Das Buch wird abgeschlossen mit einem sehr aktuellen und umfangreichen Literaturverzeichnis.

Als **eBook** 3,80 €. Band 3 der Reihe „Wissenschaftliche Arbeiten zur Autismus-Spektrum-Störung"

***

Charlotte Moore: *Sam, George und ein ganz gewöhnlicher Montag*

"Montagmorgen. Wir sind in Eile. Klar sind wir das, jede berufstätige Mutter mit drei Kindern im schulfähigen Alter ist an einem Montagmorgen in Eile." Normaler Familienalltag. Unter erschwerten Bedingungen: Als George drei Jahre alt war, wurde sein Verhalten als "Autismus" diagnostiziert. Auch sein zwei Jahre jüngerer Bruder Sam zeigte auffällige Verhaltensstörungen, die auf das Asperger-Syndrom schließen ließen. Zwei grundverschiedene Charaktere, dieselbe Diagnose. Charlotte Moore erzählt eindringlich, gewürzt mit britischem Humor, was das für sie und ihre Familie bedeutet. Anschaulich zeigt sie, wie sie das Leben mit ihren drei Kindern und den Überraschungen, die es für sie bereit hält, meistert.

Die Autorin arbeitet als Schriftstellerin und Journalistin, u. a. für »The Times«, »Vogue«, »The Independent on Sunday« und »The

Daily Telegraph«. In der renommierten britischen Tageszeitung »The Guardian« hat sie eine eigene Kolumne - »Mind the Gap« - über ihre Erfahrungen mit ihren autistischen Söhnen. Charlotte Moore lebt mit ihren drei Kindern in Sussex, England.

Als **eBook** 8,99 €. Gedruckt: Vergriffen.

Laufend neue Bücher zum Themenbereich Autismus

www.autismus-buecher.de

Twitter: @autismusbuecher

***

www.radundsoziales.de

Michael Schmitz: Gegen Sand, Sonne und sich selbst

Mit dem Mountainbike 11.000 Kilometer durch Afrika

Safari bedeutet „Reise" auf Kisuaheli, der Landessprache Kenias und Tansanias. Sechs Monate und 11.000 Kilometer auf dem Mountainbike von Nairobi über Kapstadt nach Windhoek (Namibia) - dieses Buch beschreibt die Höhen und Tiefen einer solchen Radtour: Kakerlaken krabbeln durchs Zimmer, tote Fliegen schwimmen auf dem Trinkwasser und nette Menschen laden zu Bett und Dusche ein. Löwen mit weit aufgerissenen Mäulern, roter Halbwüstensand, weite Steppen und an Erholungstagen Radrennen fahren... Diese eigenwillige Mischung zieht den Leser in ihren Bann. Selbstironische Betrachtungsweisen von Radtouren in die 3. Welt entlocken dem Leser immer wieder ein Schmunzeln. Und wer dennoch Lust bekommen hat, selbst auf solch eine Reise zu gehen, der ist am Ende der Lektüre mit Tipps und Tricks gewappnet.

244 Seiten Lesespaß, der mit 7 Landkarten und 20 Fotos illustriert ist.

Als **eBook** 3,99 €. Gedruckt: 12 €.

∗∗∗

Peter Smolka: Westafrika mit dem Fahrrad

Marokko, Mauretanien, Senegal, Mali, Burkina Faso und Togo sind die Stationen, die Peter Smolka auf dem schmalen Reifen seines Fahrrades in zweifacher Hinsicht „erfuhr": Auf Straßen und

Wegen, die durch Sonne und Sand mitunter zur Strapaze wurden, und in intensivem Kontakt zu Land und Leuten, der einem Entspannung suchenden Pauschaltouristen normalerweise verschlossen bleibt.

Außergewöhnliche Erlebnisse und Erfahrungen der Tour, reichhaltige, aufschlussreiche Beschreibungen von Freud und Leid des Alltags im Armenhaus des afrikanischen Kontinents fügen sich zu einem gleichermaßen fesselnden wie informativen Gesamtbild zusammen.

Auf den Spuren de Westafrika-Radtour erschließt sich dem Leser in dieser vitalen Reiseschilderung ein Teil des Schwarzen Kontinents in seiner nackten Realität.

Die vorliegende, gelungene Mischung aus Spannung und Sachinformation ist Garant für pures Lesevergnügen. Man darf schon jetzt gespannt sein, wohin die nächste Reise führt.

Mit 98 Bildern, davon 23 farbig.

Als **eBook** 3,99 €. Gedruckt: 12 €.

***

Elena Erat, Peter Materne: Rad-Abenteuer Welt. 45.000 Kilometer auf dem Rad um den Globus

Über 800 Seiten, ursprünglich in zwei Bänden herausgegeben, nun als eBook. Die Globetrotter des Jahres berichten informativ, spannend und humorvoll von ihrer Weltreise mit dem Fahrrad.

Elena Erat und Peter Materne machen sich vom idyllischen Freiburg aus auf in Richtung Osten. In Rumänien besuchen sie Graf Draculas Schloss, in der Türkei verzaubert sie die Weltstadt Istanbul, in Ägypten feiern sie Weihnachten bei 40°C im Schatten. Ein erster Höhepunkt ihrer Reise: Eine Begegnung mit Mutter Teresa in Indien.

Dic Autoren schlagen ihr Lager unter anderem in einem buddistischenKloster in Thailand auf. Mit zwei kleineren

„Umwegen" über Australien und Johannesburg landen die beiden in Brasilien. Sie staunen über die Schönheiten des Regenwaldes, feiern Oktoberfest mit Samba-Rythmen und kämpfen sich durch die Anden.

In Panama entkommen sie knapp nur dem Tod. Durch mehrere Länder Südamerikas fahren sie nach Norden, dann noch einmal quer über den Kontinent von Los Angeles nach New York, bevor sie nach über zwei Jahren und 45.000 geradelten Kilometern durch 26 Länder wieder zu Hause ankommen.

Als **eBook** 4,99 €. Gedruckt: Vergriffen.

***

Heinz Helfgen: Ich radle um die Welt.
Der Klassiker der Radtouren-Literatur

Der Reisebestseller der Fünfziger Jahre.
Ein einzigartiges Lesevergnügen voller Spannung und Abenteuer – ein großartiges Zeitdokument.
Heinz Helfgen berichtet nicht nur einfach von einer faszinierenden Radreise rund um die Welt, die ihn mehrfach in lebensgefährliche Situationen bringt. Er erlebt auch den Alltag und schildert die Lebensumstände der bereisten Länder, trifft viele berühmte Persönlichkeiten seiner Zeit wie Tito oder Hemingway und gewinnt die Freundschaft vieler Menschen rund um den Erdball.

Man hat Heinz Helfgen einen modernen Karl May genannt. Nur – er hat seine Abenteuer selbst erlebt.

Als **eBook** 4,99 €. Gedruckt: Vergriffen.

Dieter Rohrbach: Wildes Madagaskar

Achtzehn Artikel über ein großes und weitgehend unbekanntes Land. Texte, die dem Leser ein tieferes Verständnis für manche Eigenarten der roten Insel vermitteln. Spannende Themen wie:

Postkoloniale Politik, Pädophilie und Prostitution, Woher kamen Sie?, Piraten und Piratenhändler, Der Raubbau an Edelhölzern usw. erzählen spannende Geschichten und viel über das abwechslungsreiche Land.

Als **eBook** 7,99 €. Gedruckt: 13 €.

∗∗∗

Dieter Rohrbach: Madagaskar erleben: Das umfassende Reisehandbuch zur roten Insel

Madagaskar erleben: der beliebte und hoch gelobte Madagaskar-Reiseführer jetzt als leichte eBook-Variante. Mit noch mehr Information, aktuell recherchiert und bearbeitet. Damit wird das Buch endlich "gepäckfreundlicher" und leichter. Einfach für Handy oder Tablet downloaden.
Der Reiseführer hat auf nahezu jede Frage zur roten Insel eine Antwort. Nicht nur für Reiseinteressierte, welche ihre Traumreise planen wollen, sondern auch für Jene, die aus verschiedensten Gründen mehr über dieses faszinierende Reiseland wissen wollen. Ein detaillierter A-Z - Teil mit allen relevanten Orten und über 700 Hotel- und Gastronomieempfehlungen, wichtige Reiseinformationen sowie das umfangreiche Stichwortregister runden das Buch zum Standardwerk ab.

Als **eBook** 19,99 €. Gedruckt: 25 €.

∗∗∗

Thomas Troßmann: Wüstenzeit. Sahara grenzenlos.
Mit dem Motorrad durch die Sahara – Reportagen von 1000 Tagen Wüstenfahrt

Thomas Troßmann, ist der Faszination der vielseitigen Sahara verfallen. Über tausend Tage hat er schon in der größten Wüste der Erde verbracht. Abseits von Straßen und Pisten bewegt er sich zumeist mit dem Motorrad durch die endlosen Weiten dieser Sand- und Gesteinslandschaft. Gebirge und Dünen, weite Ebenen und enge Schluchten, ihre fremdartige Tier- und Pflanzenwelt, die Spuren prähistorischer Vergangenheit und nicht zuletzt die beeindruckende Wesensart ihrer Bewohner, der nomadisierenden Tuareg, faszinieren den Wüstenfahrer jeden Tag aufs Neue.

Hier schildert er seine ungewöhnlichen Erlebnisse in dieser wilden Landschaft.

Ein Buch für Liebhaber unberührter, großartiger Natur, für Motorradfans und Abenteurer.

Als **eBook** 3,99 €. Gedruckt: vergriffen.

***

Thomas Troßmann: Wüstenfahrer. Auf dem Motorrad durch das Land der Tuareg

Thomas Troßmann ist mit dem „Wüstenbazillus" infiziert. Schon seit Jahren übt die Sahara eine unwiderstehliche Anziehungskraft auf ihn aus. Mehrere Dutzend Wüstenreisen hat er schon hinter sich, die meisten mit dem Motorrad. An drei ausgewählten Reisen vermittelt der Autor in diesem Buch einen intensiven Eindruck von der Faszination und Herausforderung dieser extremen Landschaft. Gleichzeitig beschreibt er seine Entwicklung als Wüstenfahrer vom unerfahrenen Anfänger bis zum versierten Profi.

Spannend, abenteuerlich und sehr authentisch.

Ein Buch für Liebhaber unberührter, großartiger Natur, für Motorradfans und Abenteurer.

Als **eBook** 3,99 €. Gedruckt: vergriffen.

Mehr unter

www.radtouren4u.de

www.ingramcontent.com/pod-product-compliance
Lightning Source LLC
LaVergne TN
LVHW011403080426
835511LV00005B/391